ट्राइबल कॉम्बैट

ट्राइबल कॉम्बैट

माटी के महायोद्धा

लेखक
परीक्षित मुंडा

2025

यह एक गैर-कथा आधारित कार्य है। यहां सम्मिलित जानकारी की सटीकता सुनिश्चित करने के लिए हर संभव प्रयास किया गया है, पर लेखक विषय-वस्तु की त्रुटियों, चूकों या भिन्न व्याख्याओं के लिए कोई जिम्मेदारी नहीं लेता।

प्रथम संस्करण
कवर डिज़ाइन: परीक्षित मुंडा

यह पुस्तक रचनात्मक कहानी कहने की तकनीकों का उपयोग करती है, जिसमें नाटकीय कथन और कुछ खंडों में काल्पनिक नाम शामिल हैं, ताकि वास्तविक ऐतिहासिक और सांस्कृतिक कहानियों को जीवंत किया

जा सके। तथ्यात्मक सच्चाई बनाए रखने के साथ-साथ कथानक की रोचकता बढ़ाने के लिए हर संभव प्रयास किया गया है।

भारत की आदिवासी समुदायों के योद्धाओं के लिए —
अतीत, वर्तमान और भविष्य।

आभार

"ट्राइबल कॉम्बैट" लिखना मेरे लिए एक खोज, सम्मान और भारत के आदिवासी योद्धाओं की समृद्ध विरासत के साथ गहरे जुड़ाव की यात्रा रही है। यह पुस्तक उनके साहस, बुद्धिमत्ता, और परंपराओं को समर्पित एक विनम्र श्रद्धांजलि है — और यह संभव नहीं हो पाती यदि मुझे कई अद्भुत लोगों का मार्गदर्शन और समर्थन नहीं मिला होता।

सबसे पहले, मैं उन आदिवासी समुदायों के प्रति अपना हार्दिक आभार व्यक्त करता हूँ जिनकी कहानियाँ, हथियार और मार्शल परंपराएँ इस पुस्तक का मूल हैं। उनकी अपनी संस्कृति और ज्ञान को सम्मान और खुलेपन के साथ साझा करने की इच्छा मेरी सबसे बड़ी प्रेरणा रही है।

मैं उन बुजुर्गों, योद्धाओं, और सांस्कृतिक संरक्षकों का गहरा आभार मानता हूँ जिन्होंने मुझे गर्मजोशी और विश्वास के साथ स्वीकार किया, जिससे मैं उनके प्राचीन कला और मूल्यों को प्रत्यक्ष रूप से सीख सका जो उनके जीवन को आकार देते हैं। उनकी विरासत इस कार्य की आत्मा है।

विशेष आभार मेरे पिता, लखीदास मुंडा जी को, जिनकी आदिवासी लोककथाओं पर लेखनी ने मेरे भीतर आदिवासी विरासत को संरक्षित और साझा करने का

जीवन पर्यंत जुनून जगाया। उनका समर्पण और सूझ-बूझ मेरी निरंतर प्रेरणा का स्रोत है।

मेरी पत्नी, शोभा कच्छप को मेरा गहरा धन्यवाद, जिनका अटूट समर्थन, धैर्य और प्रोत्साहन इस यात्रा के दौरान मेरी सबसे बड़ी ताकत रहा। उनके विश्वास ने कठिन समय में मुझे आगे बढ़ने की ऊर्जा दी।

मेरे पुत्र, माधव सिंह मुंडा को भी धन्यवाद, जिनका बचपन से मार्शल आर्ट्स में गहरा लगाव इस काम को जुनून और उद्देश्य के साथ आगे बढ़ाने के लिए मुझे प्रेरित करता है। उनकी जिज्ञासा और ऊर्जा मुझे रोज़ याद दिलाती है कि इन परंपराओं को आने वाली पीढ़ियों के लिए संरक्षित रखना कितना महत्वपूर्ण है।

मैं उन सभी मार्गदर्शकों, सहयोगियों, शोधकर्ताओं और इतिहासकारों का भी आभार व्यक्त करता हूँ, जिनकी बुद्धिमत्ता और सहायता ने इस पुस्तक को आकार देने में मदद की।

अंत में, मैं आप सभी पाठकों का तहे दिल से धन्यवाद करता हूँ, जिन्होंने इस पुस्तक को खरीदा और एकलव्य स्कूल ऑफ कॉम्बैट स्पोर्ट्स के दृष्टिकोण का समर्थन किया। आपकी रुचि हमारे आदिवासी योद्धाओं की आत्मा और इस कालजयी युद्ध कला को जीवित रखने में मदद करती है।

गहरी श्रद्धा और कृतज्ञता के साथ,

परीक्षित मुंडा

विषय सूची

प्रस्तावना

अध्याय 1: आदिवासी युद्धकला की उत्पत्ति

अध्याय 2: आदिवासी योद्धा – कथाएँ और दंतकथाएँ

अध्याय 3: हिंदू धर्मग्रंथों में आदिवासी योद्धा

अध्याय 4: आधुनिक इतिहास में आदिवासी नायक

अध्याय 5: पारंपरिक हथियार

अध्याय 6: आदिवासी समुदायों में युद्धकला के अभ्यास

अध्याय 7: अंग्रेज़ शासन के खिलाफ आदिवासी प्रतिरोध: युद्ध कौशल और रणनीतियाँ

अध्याय 8: युद्ध नृत्य रूप: छऊ और पैका

अध्याय 9: युगों से आदिवासी युद्धकला

अध्याय 10: युद्ध परंपराओं में अनुष्ठान और त्योहारों की भूमिका

अध्याय 11: आधुनिक पुनरुद्धार और संरक्षण प्रयास

अध्याय 12: आदिवासी युद्धकला पुनर्जागरण की ओर: भविष्य के लिए दृष्टि

उपसंहार: जलती हुई लौ

स्रोत-सूची

लेखक परिचय

प्रस्तावना

मैं झारखंड (भारत) के हृदयस्थल से मुंडा जनजाति का गौरवशाली सदस्य हूँ — एक ऐसी भूमि जहाँ हर जंगल की पगडंडी, ढोल की थाप और तलवार में पूर्वजों की आत्मा बसी है।

एक मार्शल आर्टिस्ट के रूप में, तीन दशकों से अधिक के अनुभव के साथ, मैंने अपना अधिकांश जीवन युद्ध कला सीखने और सिखाने के माध्यम से बिताया है — यह केवल शारीरिक अभ्यास नहीं, बल्कि जीवन का एक तरीका है। मैं एक इंजीनियर भी हूँ और सामाजिक विकास क्षेत्र में कार्यरत हूँ, जिसने भारत के आदिवासी समुदायों के साथ लगभग एक दशक काम किया है। इन अनुभवों ने मेरी दृष्टि को अनुशासन, संस्कृति और वास्तविकता के सम्मिलित नजरिए से आकार दिया है।

सालों में मैंने देखा है कि हमारी शिक्षा प्रणाली या जन मीडिया में भारत की आदिवासी समुदायों की समृद्ध युद्धकला विरासत की कितनी कम चर्चा होती है। फिर भी, पौराणिक योद्धाओं से लेकर ऐतिहासिक विद्रोहों तक, अनुष्ठानिक युद्ध नृत्यों से लेकर गुरिल्ला युद्ध तक, हमारे लोग हमेशा लड़ते आए हैं — अस्तित्व के लिए, न्याय के लिए और सम्मान के लिए।

यह पुस्तक, ट्राइबल कॉम्बैट, उस भूली हुई विरासत को प्रकाश में लाने का मेरा प्रयास है — ताकि भारत के स्वदेशी योद्धाओं की युद्धकला की जड़ों को शिक्षित, जोड़ने और सम्मानित किया जा सके। यह इतिहास के तथ्यों, मिथकों की कहानियों, और मेरे स्वयं के एक आदिवासी और मार्शल आर्टिस्ट होने के अनुभवों का संयोजन है।

यह केवल एक पुस्तक नहीं है। यह एक श्रद्धांजलि है। हमारे बीच के योद्धाओं के लिए।
उनके लिए जिन्होंने धनुष, तलवार और अपने नंगे हाथों से लड़ाई लड़ी।
उनके लिए जिनकी कहानियाँ कभी नहीं सुनी गईं।

स्वागत है आपका – ट्राइबल कॉम्बैट में।

अध्याय 1: आदिवासी युद्धकला की उत्पत्ति

राज्यों के उदय-पतन से भी पूर्व, राष्ट्र के संकल्प के जन्म से बहुत पहले, भारत के आदिवासी समाज घने वन, पर्वत और नदियों की गोद में विराजमान थे। वहाँ के योद्धा न तो महिमा की तलाश में थे, न ही साम्राज्य की आकांक्षा लिए; वे थे प्रकृति के संरक्षक, जीवन के रक्षक और सामंजस्य के प्रहरी। यहीं से आदिवासी युद्धकला की कथा आरंभ होती है — न भव्य महलों में, न परेड के मैदानों पर, बल्कि जंगल की छाँव में, पूर्वजों की स्मृतियों की मौन गाथा में।

जीवन के सूत्रधार के रूप में युद्ध

आदिवासी जीवन और युद्ध कभी अलग नहीं हुए — यह युद्ध एक जीवन पद्धति थी। जब गाँव की रक्षा जंगली पशु से करनी हो, पवित्र भूमि की रक्षा बाहरी आक्रमण से करनी हो, या कबीलाई विवाद सुलझाने हों, हर दक्ष सदस्य से यह अपेक्षा थी कि वह युद्ध कौशल में पारंगत हो, सीखता रहे, और उसे श्रद्धा से अपनाए।

व्यवस्थित सेनाओं या सामंती फौजों के विपरीत, आदिवासी युद्ध स्वाभाविक, प्रवाहित और परिस्थिति के अनुरूप होता था। उनका शत्रु केवल मानव नहीं, बल्कि

प्रकृति का कठोर रूप था — निर्जन पहाड़, प्रचंड वन और अस्तित्व की अनिश्चितता।

आवश्यकता से जन्मा अस्त्र-शस्त्र

आधुनिक दृष्टि से जिन्हें 'आदिम' समझा जाता है, वे हथियार स्वाभाविक, सटीक और पर्यावरण की गहराई से उपजती कला थे। बाँस के भाले, स्थानीय लकड़ी से बने धनुष, जंगली जड़ी-बूटियों से निकले विषैले तीर — हर एक हथियार प्रकृति के साथ गूढ़ संवाद था।

झारखंड के असुरों में लोहे के शिल्प और गोंड तथा भीलों में हथियार निर्माण की परंपरा यह दर्शाती है कि आदिवासी धातुकला में प्राचीन समय से निपुण थे, कई बार मुख्यधारा से आगे।

सादगी के भीतर छुपी इन हथियारों की ताकत ने उन्हें बहुमुखी, शीघ्र मरम्मत योग्य और गुरिल्ला युद्ध के लिए आदर्श बनाया।

कबीले की संरचना और युद्ध की भूमिका

आदिवासी समाजों में स्थायी सेनाएँ नहीं थीं, पर सामुदायिक रक्षा की सुव्यवस्थित परंपरा थी। बालकों को बाल्यकाल से ही शारीरिक सहनशक्ति, शिकार और अस्त्र-शस्त्र की शिक्षा दी जाती थी। गाँव के अखाड़े नृत्य और युद्धाभ्यास दोनों के केन्द्र थे।

बुजुर्गों द्वारा युद्ध-कला का ज्ञान कथाओं, अनुष्ठानों और क्रियात्मक प्रदर्शन से अगली पीढ़ी को दिया जाता था। युद्ध की तैयारी केवल युद्धाभ्यास नहीं, बल्कि त्योहारों के सांस्कृतिक उत्सव भी थे।

मुंडा, संथाल जैसे कबीले सामूहिक रक्षा की भावना में एकजुट थे — एक परिवार को लगा खतरा पूरे गाँव के लिए खतरा था, और योद्धा इसी बंधन में जन्मते थे।

तलवार के परे — आध्यात्मिक चेतना

आदिवासी युद्ध मात्र भौतिक संघर्ष न था। हर युद्ध या रक्षा कर्म में आध्यात्मिक सार छुपा था। युद्ध से पूर्व वन देवताओं, पूर्वजों के आराध्य और साधुओं से आशीर्वाद लिया जाता था। हथियारों की पूजा होती थी, नृत्यों के माध्यम से आह्वान होता था, और कई बार अनुष्ठान के लिए युद्ध रोक दिया जाता था।

यह युद्ध ब्रह्मांडीय संतुलन का प्रतीक था — धरती माता की रक्षा, न कि उसका अधिपतन। यह विचारधारा आक्रामक विजेता सेनाओं के सिद्धांतों से बिल्कुल विपरीत थी।

आदिवासी युद्धकला और औपचारिक सेना का भेद

इतिहास में आदिवासी युद्धकला को 'गुरिल्ला युद्ध' के रूप में वर्णित किया जाता है — पर यह शब्द उसकी जटिलता को पूरी तरह व्यक्त नहीं कर पाता। जहाँ औपचारिक सेनाओं के बुनियादी ढांचे की कमी थी, वहाँ

आदिवासी योद्धा अपनी धरती की गहरी समझ, छिपने-छुपाने की कला, चपलता और सामुदायिक समन्वय से इसकी पूर्ति करते थे।

घने वन, ऊबड़-खाबड़ भूभाग और सांध्य छाया में छुपकर लड़ना, आपूर्ति मार्गों पर घात लगाना — ये रणनीतियाँ हताशा के कार्य नहीं, बल्कि बुद्धिमत्ता के प्रतिमान थीं। ब्रिटिश और मुगल अभिलेख इन कठिन लड़ाइयों का उल्लेख करते हैं, जहाँ परंपरागत युद्धसामग्री भी विफल हो जाती थी।

भारतीय जनजातियों में विविधता, पर एकता

प्रत्येक जनजाति की युद्धकला विशिष्ट थी — मध्य भारत के गोंडों की सुव्यवस्थित घात-युद्ध रणनीति, संथालों के दक्ष धनुर्धर, भीलों की फुर्ती और सटीकता, नागालैंड के कोन्याक्स की प्रतिष्ठित सिर तिलहन परंपरा।

फिर भी, एक सूत्र सभी को जोड़ता था — युद्ध प्रतिरोध और संस्कार था, वर्चस्व नहीं।

आज के स्वरूप

आदिवासी युद्धकला के अनेक पहलू आज केवल छंद मात्र बचे हैं — छऊ के युद्ध नृत्य में, ओडिशा के पैका अखाड़ों में, और त्योहारों के दौरान प्राचीन हथियारों के अनुष्ठानों में। आधुनिकता, विस्थापन और उपेक्षा ने कई परंपराओं को संकट में डाला है। पर वे विलुप्त नहीं हुईं।

इन अमूल्य कथाओं और प्रथाओं को पुनर्जीवित कर हम केवल कला का पुनरुत्थान नहीं कर रहे, बल्कि जीवन के दर्शन, ज्ञान की प्रणाली और एक अमर योद्धा परंपरा का सम्मान कर रहे हैं, जो संग्रहालयों में नहीं, हमारे हृदयों में जीवित है।

अध्याय 2: आदिवासी योद्धा – कथाएँ और दंतकथाएँ

हाटिया गाँव की रात

हाटिया गाँव की रात — शांत, पर सधी हुई। जहां छछूंदरों की गुनगुनाहट और साल के पेड़ों की पत्तियों की सरसराहट थी, वहीं बूढ़े पहान ने आग जलाई और बैठ गए, उनकी निगाहें कहीं दूर तलक थीं। उनके चारों ओर बच्चे बैठे थे, इंतजार में — कोई कहानी सुनने के लिए नहीं, बल्कि इतिहास की उस फुसफुसाहट के लिए जो कथाओं में गुम होती है।

"क्या तुम जानते हो," उन्होंने शुरू किया, "गोरे आदमी के आने से पहले, हमारे जंगलों के भी राजा हुआ करते थे। वे ताज नहीं पहनते थे, वे गर्व पहनते थे।"

कोमराम भीम (1901–1940): वह शख्स जिसने जंगल से बात की

जोड़घाट में अभी अभी बारिश रुकी थी, मिट्टी नरम और लाल थी, जैसे गोंडों के दिलों पर वह जख्म जो भर नहीं पाए। साल था 1921। आदिलाबाद जिले के जंगलों में एक छोटे से गाँव में, एक नंगे पांव युवा, जिसकी आँखें जंगली और सहज थीं, अपने पूर्वजों की धरती को उन लोगों से निहार रहा था जो यहाँ के नहीं थे।

कोमराम भीम कोई जन्मजात योद्धा नहीं था, बल्कि बंधन में जन्मा था। उसके पिता, जो समुदाय के बुजुर्ग और सम्मानित थे, को निज़ाम के वनरक्षक इसीलिए पीट-पीट कर मार डालते हैं कि उनके मवेशी 'राज्य के जंगल' पर चर रहे थे। वह जंगल सदियों से गोंडों का था — इस्तेमाल किया गया, प्यार किया गया, संरक्षित किया गया। पर अब उसे घेर लिया गया था, कर लगाया जा रहा था, और लूटा जा रहा था उन लोगों द्वारा जो 'मालिक' होने की बात करते थे, 'संरक्षक' बनने की नहीं।

भीम गिरफ्तार होने से बचने के लिए जंगल की गहराई में भाग गया। पर वह वहाँ छुपा नहीं, बदल रहा था। बुजुर्गों और शमनों की छत्रछाया में उसने आदिवासी युद्धकला सीखी — छुपकर लड़ना, घात लगाना, ज़मीन की समझ। उसने जंगल की आत्मा को आत्मसात किया, यह मानकर कि हर पेड़, हर नदी, हर पहाड़ उसका अंग है।

1930 तक, वह लौट आया था — आदमी नहीं, एक आंदोलन के रूप में। जोड़घाट से केरमरी तक उसने गोंड, कोलाम, ठोटी और अन्य जनजातियों को जोड़ा एक ही नारे के तहत:

"जल, जंगल, ज़मीन हमारा है।"

उसकी मिलिशिया के पास वर्दी या राइफल नहीं थीं। वे धनुष, कुल्हाड़ी और बाँस के जाल से लड़ते थे। पर संसाधनों की कमी को उन्होंने अटूट विश्वास से पूरा किया। भीम ने निज़ाम के शासन के खिलाफ 300 से

अधिक जनजातीय योद्धाओं के साथ सशस्त्र विरोध किया, पुलिस चौकियाँ घेरा, जब्त अनाज बाँटा, और रिश्वत तथा समझौतों से इंकार किया।

1940 में उनकी सबसे बड़ी जीत तब आई जब उनके सैनिकों ने भाभेज़ड़ी के पास पुलिस इकाई को हरा दिया। पर इससे भीम सबसे अधिक खोजे जाने वाले शख्स बन गए। एक गद्दार ने निज़ाम की पुलिस को जोड़घाट तक पहुँचाया। 27 अक्टूबर 1940 को, भोर में, उन्होंने भीम के झोपड़ी को घेर लिया।

भीम ने समर्पण करने से इनकार किया, धनुष थाम कर घात किया। उन्हें कई गोलियाँ लगीं, पर वे गिर नहीं पड़े। गवाह बताते हैं कि उन्होंने कहा:

"मेरी ज़मीन बिकाऊ नहीं, मेरी ज़िंदगी डर की वस्तु नहीं।"

वह खड़े-खड़े मरे, विद्रोही के रूप में, जंगल के पुत्र के रूप में।

आज जोड़घाट में उनकी स्मृति में एक स्मारक है। पर उनकी विरासत गहरी है — हर उस जनजातीय युवा की आत्मा में जो प्रतिरोध को विद्रोह नहीं, जिम्मेदारी मानता है।

तिलका मांझी (1750–1785): वह धनुर्धर जिसने अंग्रेज़ों को घेरा

1857 के विद्रोह की गूँज से बहुत पहले, तिलका मांझी थे। 1750 में बिहार के भागलपुर के सुल्तानगंज (अब तिलकगढ़) गाँव में जन्मे वे एक संथाल बालक थे, जो अपने बुजुर्गों से ज़्यादा गंगा नदी की आवाज़ सुनते थे। वे नाम लिखने से पहले पेड़ चढ़ना सीख गए थे, और दस वर्ष की उम्र से पहले ही उनके हाथ में धनुष था।

संथाल लोग स्वाभिमानी और आत्मनिर्भर थे, प्रकृति के साथ सद्भाव में रहते थे। लेकिन 1700 के अंत तक, ब्रिटिश कलेक्टर स्थानीय किसानों से बेरहमी से कर वसूलने लगे थे। संथाल, जिन्हें निजी संपत्ति का कोई मतलब नहीं था, अपने पूर्वजों की ज़मीनों से बेदखल किए जा रहे थे, क्योंकि वे कर नहीं दे पाए।

बीस की उम्र के आस-पास, तिलका संगठित प्रतिरोध का प्रतीक बन गए। उन्होंने संथाल और अन्य जनजातियों को एकजुट किया — जंगल और आज़ादी के लिए लड़ाई के लिए। 1770 से 1784 के बीच, तिलका ने ब्रिटिश शिविरों पर बहादुरी से हमले किए, खजाने लूटे, कैदियों को छुड़ाया, और अपना जंगल नियम लागू किया।

1784 में, तिलका मांझी पहला जनजातीय नेता बने जिन्होंने ब्रिटिश प्रशासक को सीधे चुनौती दी। पलाश के लकड़ी के बने धनुष और सांप के विष से लगे तीरों से उन्होंने भागलपुर के आयुक्त अगस्तस क्लीवलैंड पर हमला किया। क्लीवलैंड जल्द ही मर गए।

ब्रिटिशों ने भारी ताकत से जवाब दिया। एक साल की तलाश के बाद तिलका को घेर लिया गया। वे हिम्मत से लड़ते रहे, फिर पकड़े गए। जंजीरों में बंधकर, चार घोड़ों द्वारा भागलपुर की सड़कों पर घसीटा गया, उनका मांस फटा, और खून प्रतिरोध की निशानी बन गया।

फिर भी, तिलका ने कभी विनती नहीं की। फाँसी के फंदे पर खड़े होकर उन्होंने अपने जख्मी हाथ उठाए और चिल्लाए:

"मेरा जंगल मुझे याद रखेगा, क्या तुम याद रखोगे?"

वे पहले जनजातीय स्वतंत्रता सेनानी बने जिन्हें ब्रिटिशों ने फांसी दी। धर्म या साम्राज्य के लिए नहीं, बल्कि मिट्टी और आत्मा के लिए शहीद।

आज भागलपुर कोर्ट के सामने उनकी मूर्ति है — डटी हुई, धनुष हाथ में, न्याय को घूरती हुई जो देर से आई।

भीमा नायक (अज्ञात–1876): नर्मदा का भील बाघ

साल था 1857, और भारत का पहला स्वतंत्रता संग्राम पूरे उत्तर में फैल चुका था। पर दिल्ली की लाल दीवारों और कानपुर के धधकते घाटों से दूर, मध्य प्रदेश के बरवानी के जंगलों में एक और विद्रोह उभर रहा था। वहां बंदूकें नहीं, धनुष, कुल्हाड़े, और भील योद्धाओं की जंगली हिम्मत थी।

भीमा नायक, बरवानी के एक निर्भीक भील जनजातीय, जिन्हें 'नर्मदा का बाघ' कहा जाता था, नाम केवल कहानी नहीं, कर्म से कमाया था। विद्रोह की खबर फैलते ही भीमा ने विलंब नहीं किया। उन्होंने अपने लोगों को संगठित किया, यह समझकर कि यह समय है अंग्रेज़ी जाल को चुनौती देने का।

उन्होंने तांत्या टोपे और अन्य नेताओं के साथ गठबंधन किया, विंध्य की चोटियों में गुरिल्ला हमलों के रणनीतिकार बने। उन्होंने अपने योद्धाओं को हवा की तरह तेज चलने, अंग्रेज़ों की आपूर्ति लाइनें काटने, शिविरों को तबाह करने और एक भी जवाबी गोली चलने से पहले जंगल में छुपने की शिक्षा दी।

1857 के अंत में मनावर के पास एक लड़ाई में, भीमा की सेना ने अंग्रेज़ों की हथियार और वेतन ले जा रही काफिले पर घात लगाकर भारी तबाही मचाई। अंग्रेज़ हैरान रह गए, और उनकी चाल कई सप्ताह रुक गई। उनका नाम औपनिवेशिक दस्तावेज़ों में 'भीमा नायक: खतरनाक' के रूप में दर्ज हुआ।

पर जंगल की अग्नि की तरह, उनका विद्रोह भी तूफान का सामना कर गया। 1861 में भीमा नायक को धोखा दिया गया, पकड़ लिया गया और अंडमान के सेलुलर जेल (काला पानी) में कैद किया गया। सालों बाद भी उनकी आत्मा बुझी नहीं। कैदियों को वीरता की कहानियां सुनाते हुए उन्होंने उम्मीद जगाई।

अततः 1876 में ब्रिटिशों ने उन्हें फांसी दी। अकेला। साम्राज्य ने भुला दिया, पर लोग नहीं।

बरवानी में आज भी लोकगीत गाते हैं:

"नर्मदा का शेर गया, पर जंगलों में गूंज रहा है।"

बरवानी जिले में उनकी प्रतिमा है — मृत्यु नहीं, बल्कि प्यार से उपजे प्रतिरोध का उत्सव है ।

पृथ्वी पर उकेरी गई विरासत और गूंज

जब हाटिया की आग बुझने लगी, पहान की आवाज़ भी फुसफुसाहट में बदल गई। बच्चे अब बेचैन नहीं थे। वे सैनिकों की तरह सीधे बैठे थे, और खोजी की तरह चुप।

"ये सिर्फ कहानियाँ नहीं हैं," उन्होंने कहा, "ये हमारे हड्डियां हैं, हमारी पसीना है, हमारा खून है।"

और जैसे-जैसे रात आदिवासी प्रदेश पर गहरी होती गई, एक बात साफ थी — इन योद्धाओं की कथाएँ मौत के साथ समाप्त नहीं हुईं। वे चलती रहीं, नंगे पांव और निर्भय, हर उस कदम में जो आज भी लड़ता है — न नफ़रत से, बल्कि अपने अधिकार के लिए प्यार से।

क्योंकि भारत के जंगलों में, कहानियाँ भुलाई नहीं जातीं। वे विरासत होती हैं।

अध्याय 3: हिंदू धर्मग्रंथों में आदिवासी योद्धा

सतपुड़ा की पहाड़ियों पर सूरज अभी उगा नहीं था, जब बूढ़े पहान ने पवित्र इमली के पेड़ के नीचे अपनी जगह ली। चारों ओर हवा में एक खास तरह की उम्मीद तैर रही थी। बच्चे, जो अभी भी नींद में डूबे थे, जानते थे कि आज की कहानी किसी ऐसे व्यक्ति की नहीं होगी जिसे वे जानते हैं — बल्कि देवताओं और योद्धाओं की होगी, जिनका लहू आज भी उनकी रगों में बहता है।

"क्या तुम्हें लगता है कि देवता सिर्फ महलों में रहते थे?" पहान ने मुस्कराते हुए पूछा। "नहीं। कई तो जंगल की गोद में जन्मे थे। हमारी ही तरह।"

एकलव्य: भूला हुआ गुरु

निषाद देश के घने और प्राचीन वनों में, जहाँ पेड़ प्रहरी की तरह खड़े रहते थे और नदियाँ पुरानी कथाएँ गाती थीं, एक लड़का अकेले अभ्यास करता था। न कोई उत्सव, न कोई शोर। बस समर्पण। उसका नाम था — एकलव्य।

वह न तो किसी राजघराने से था, न ही ब्राह्मण या क्षत्रिय कुल में जन्मा था। वह एक जनजातीय था — एक

निषाद। एक साधारण मुखिया का पुत्र, पर आत्मा में अग्नि लिए।

जब उसने द्रोणाचार्य से, जो पांडवों और कौरवों के गुरु थे, धनुर्विद्या सीखने की प्रार्थना की, तो उसे ठुकरा दिया गया। "तुम योग्य नहीं हो," द्रोण ने कहा, जाति और परंपरा की आंखों पर पट्टी बाँध कर। पर उस अस्वीकार ने एकलव्य को तोड़ा नहीं — उसने उसे गढ़ा।

उसने मिट्टी और पत्थर से द्रोण की मूर्ति बनाई और घोषणा की, "तुम सिखाओ या न सिखाओ, मैं सीखूँगा।"

दिन-रात अभ्यास चलता रहा। उसके तीर हवा में उड़ते फल को भेद सकते थे, हवा को चुप कर सकते थे, और ऐसी सटीकता से वार करते कि राजदरबार भी चकित हो जाए। हाथ छिल गए, पैर लहूलुहान हो गए, पर आत्मा अडिग रही।

जब वर्षों बाद राजकुमार उसे मिले, तो अर्जुन — जो स्वयं श्रेष्ठ धनुर्धर माने जाते थे — भी हतप्रभ रह गए। द्रोण ने अपने वचन को बचाने के लिए क्रूर गुरुदक्षिणा माँगी — एकलव्य का दायाँ अंगूठा।

बिना हिचक, बिना क्रोध के, एकलव्य मुस्कराया और अपना अंगूठा काट दिया। न किसी की मान्यता के लिए, न पुरस्कार के लिए — बल्कि अपने धर्म और विद्या के प्रति प्रेम के लिए।

वह उस दिन पराजित नहीं हुआ। वह अमर हो गया।

आज भारत की जनजातियों में, एकलव्य को कोई अंगूठा देने वाला नहीं, बल्कि अनुशासन को नया अर्थ देने वाला पहला योद्धा माना जाता है। जिसने सिद्ध कर दिया — महानता खून से नहीं, कर्म से तय होती है।

शबरी: एक भक्त, योद्धा के हृदय वाली

दंडकारण्य के जंगली अरण्यों में, जहाँ बेलें परदा बनती थीं और जानवर छाया की तरह चलते थे, एक वृद्धा रहती थी — शबरी। वह भील जाति की थी — जिसे समाज ने बहिष्कृत कहा, पर उसका हृदय देवता सा था।

उसने राम का नाम सुना था — अयोध्या के राजकुमार, विष्णु के अवतार। और वह प्रतीक्षा करती रही। न एक दिन, न एक महीना — बल्कि वर्षों तक। वह हर सुबह रास्ता बुहारती, हर शाम बेर चुनती, हर संध्या दीप जलाती — यह विश्वास लिए कि एक दिन उसके राम अवश्य आएँगे।

और जब वे आए — वनवास की धूल से ढंके, लक्ष्मण के साथ — तो वह चौंकी नहीं, बल्कि पूर्णता की शांत ख़ुशी में रो पड़ी।

"राम, ये बेर खाइए," उसने कहा।

"पर आपने इन्हें चखा है," लक्ष्मण ने टोका।

"हाँ," वह बोली, "ताकि कोई खट्टा न हो।"

राम मुस्कराए। उन्होंने खाया।

उस पल में, देवत्व ने भक्ति के आगे सिर झुका दिया।

शबरी ने कोई तलवार नहीं उठाई। पर उसका धैर्य, उसकी श्रद्धा, उसकी निष्ठा — किसी भी शस्त्र से अधिक तेज थीं। उसका वन मंदिर बन गया। उसका मन — उसकी भेंट।

आज भी भील समाज शबरी को एक साधारण स्त्री नहीं, एक ऋषि की तरह पूजते हैं — जिसकी भक्ति ने सीमाएँ तोड़ीं, और जिसके प्रेम ने जंगल को देवस्थान बना दिया।

हनुमानः वनवासी नायक जिसने पर्वत उठाए

आज कम ही लोग याद रखते हैं — हनुमान, बलशाली वानर, का जन्म किसी राजमहल में नहीं, बल्कि किष्किंधा के वनों में हुआ था। वह रक्त से वनवासी था, हृदय से देवता।

बचपन में उन्होंने सूर्य को पका हुआ आम समझ कर निगलने की कोशिश की। युद्ध में उन्होंने समुद्र लांघा,

राक्षसों से लड़े, और लंका को आग में झोंक दिया —
क्रोध से नहीं, बल्कि धर्म से।

पर हनुमान सिर्फ बल नहीं थे। वह ज्ञान और विनम्रता का
संगम थे। ताकत के बावजूद, वे राम के चरणों में झुके।
सामर्थ्य होते हुए भी, स्वयं को सेवक कहते थे।

रामायण में विजय की रीढ़ वह ही थे। उन्होंने सीता को
ढूँढा, संजीवनी पर्वत उठाकर लाए, और वानरों की सेना
का नेतृत्व किया — एक ऐसी सेना जो वनवासियों,
आदिवासियों और समाज द्वारा उपेक्षित लोगों की थी।

जब युद्ध समाप्त हुआ, राम ने उन्हें गले लगाया। उस
आलिंगन में सदियों का भेदभाव पिघल गया। वन और
महल एक हो गए।

आज हनुमान को समूचे भारत में पूजा जाता है। पर
आदिवासी अंचलों में वह केवल देवता नहीं हैं। वह अपने
हैं — प्रमाण हैं कि पराक्रम, निष्ठा और महानता किसी
कुल की मोहताज नहीं होती।

लिंगो और गोंडों का महान उद्धार

गोंड जनजाति की पौराणिक गाथाओं में एक दिव्य कथा
है — लिंगो की, जो उनके रक्षक और उद्धारक माने जाते
हैं।

कहते हैं, एक समय गोंडों को पाताल लोक में बंद कर दिया गया था। ईर्ष्यालु देवताओं ने, उनके बढ़ते ज्ञान से भयभीत होकर, उन्हें अंधकार में कैद कर दिया था।

पर लिंगो, जो उन्हीं के बीच जन्मे एक आध्यात्मिक नायक थे, धरती की गहराइयों में उतरे। उन्होंने असुरों से युद्ध किया, अग्नि की नदियाँ पार कीं, आत्माओं की पहेलियाँ हल कीं — और अंततः अपने लोगों को खोज निकाला — भूखे, खोए हुए, पर अडिग।

वह उन्हें धरातल पर वापस लाए — अग्निकुंडों और पत्थरों की सुरंगों से होते हुए। उन्होंने उन्हें गीत दिए, नृत्य दिए, भाषा दी — और साहस भी।

आज तक गोंड मानते हैं कि लिंगो पहाड़ियों से उनकी रक्षा कर रहे हैं। उनके युद्ध नृत्य — डंडारी और गेड़ी — उन्हीं की स्मृति में होते हैं। हर कदम, उस अंधकार से उजाले की यात्रा को पुनः जीवित करता है।

जंगल के देवता

जैसे ही पहान की आवाज़ धीमी पड़ी, सुबह की पहली किरणों ने पेड़ों को छू लिया। बच्चे, जो अब भी गोला बनाकर बैठे थे, कुछ भीतर महसूस करने लगे — एक श्रद्धा, न केवल देवताओं के लिए, बल्कि स्वयं के लिए।

"ये देवता," पहान ने कहा, "हमारे जैसे थे। वही खाया जो हम खाते हैं। जहाँ हम सोते हैं, वहीं सोए। जब ज़रूरत पड़ी, लड़े। और जब वक़्त आया, झुके भी।"

संदेश स्पष्ट था: आदिवासी जड़ें किसी को छोटा नहीं बनातीं। वे उसे कालातीत बना देती हैं।

हिंदू पुराणों में, जंगल सिर्फ पृष्ठभूमि नहीं है — वह जन्मभूमि है। देवताओं की। विद्रोहियों की। योद्धाओं की, जिनकी कहानियाँ आज भी बाँसों की सरसराहट में साँस लेती हैं, और पहाड़ियों की गुफाओं से गूंजती हैं।

और हर आदिवासी बच्चे के लिए, ये केवल कहानी नहीं — वंश परंपरा हैं।

अध्याय 4: आधुनिक इतिहास में आदिवासी नायक

छोटानागपुर की पहाड़ियों पर सुबह की पहली किरणें फैल रही थीं। धुंध ऐसे उठ रही थी मानो किसी पवित्र अग्नि से धुआं निकल रहा हो। घने जंगलों के भीतर कोई आकृति चुपचाप चल रही थी — वह शिकारी की फुर्ती नहीं, बल्कि एक नेता की दृढ़ता थी, जो टूटे हुए लोगों को एकजुट करने निकला था।

यह वह युग था जब भारत के जंगलों, पहाड़ियों और आदिवासी अंचलों को विदेशी हुकूमत, जमींदारी अत्याचार और शोषण के पंजों में जकड़ दिया गया था। लेकिन इसी भूमि से उठे वे पुरुष और महिलाएं, जिनके नाम आज भी हर आदिवासी गांव में सम्मान से लिए जाते हैं — केवल योद्धा नहीं, बल्कि दूरद्रष्टा, रक्षक और ऐसे शिल्पकार जो इज़्ज़त और आत्मसम्मान की नई दुनिया का सपना देख रहे थे।

बिरसा मुंडा (1875–1900): मुंडाओं का मसीहा

सन् 1875 में एक बालक का जन्म हुआ, जिसने झारखंड के जंगलों में क्रांति की चिंगारी जलाई। *बिरसा मुंडा* का

जीवन केवल विद्रोह की कहानी नहीं थी — वह एक पूरे समाज के जागरण की गाथा थी।

मुंडा जनजाति में जन्मे बिरसा ने धरती की भाषा समझी। बचपन में नंगे पांव खेतों और जंगलों में घूमते हुए वे अपने पूर्वजों की फुसफुसाहटें सुनते थे। उन्हें बताया गया था कि यह भूमि केवल मिट्टी नहीं — एक जीवित शक्ति है, जो उनकी मां के समान है।

किशोर अवस्था में ही बिरसा एक आध्यात्मिक नेता बन गए। उनके प्रवचन मंदिरों तक सीमित नहीं थे — वे गांव की चौपालों में गूंजते थे, जहाँ वे आदिवासी परंपराओं को अंग्रेजी शोषण की सच्चाई से जोड़ते थे।

छोटानागपुर काश्तकारी अधिनियम भले ही लागू हुआ था, लेकिन इसके छिद्रों से जमींदार आदिवासियों की ज़मीन हड़प लेते थे, उन्हें कर्ज और गरीबी में झोंकते थे।

बिरसा ने कहा:
"यह ज़मीन हमारी मां है। इसे बेचा नहीं जा सकता। इस पर जिया जा सकता है, इसे प्रेम किया जा सकता है।"

1895 से 1900 तक उन्होंने उलगुलान — एक जन-आंदोलन का नेतृत्व किया, जो ब्रिटिश हुकूमत और जमींदारों दोनों को चुनौती देने वाला था। उनके अनुयायी उन्हें जंगलों के देवदूत मानते थे।

सन् 1900 में ब्रिटिश सरकार ने उन्हें बंदी बना लिया। जेल में 25 वर्ष की आयु में उनकी रहस्यमयी मृत्यु हो गई। लेकिन वह आग, जो बिरसा ने जलाई थी — आज भी झारखंड के दिलों में जल रही है।

बिरसा मुंडा एक स्वतंत्रता सेनानी ही नहीं, बल्कि आदिवासी अस्मिता, गौरव और संघर्ष का अमर प्रतीक हैं।

अल्लूरी सीताराम राजू (1897–1924): जंगलों का राइफलमैन

आंध्रप्रदेश के पूर्वी घाटों के सघन जंगलों में एक रहस्य छिपा था — एक ऐसा योद्धा, जिसकी हिम्मत ने अंग्रेज़ी साम्राज्य की नींव हिला दी।

अल्लूरी सीताराम राजू का जन्म क्षत्रिय परिवार में हुआ था, लेकिन उन्होंने आदिवासी रम्पा समुदाय की लड़ाई को अपना लिया। बचपन से ही वे उन वीरों की कहानियों से प्रेरित थे, जिन्होंने अन्याय के विरुद्ध खड़े होने का साहस किया।

1920 के दशक में ब्रिटिश सरकार ने मद्रास फॉरेस्ट एक्ट लागू किया, जिससे आदिवासियों का जंगलों पर अधिकार छीन लिया गया — उनका भोजन, दवा और जीवन सब खतरे में पड़ गया।

राजू ने जवाब दिया — गुरिल्ला युद्ध से। उन्होंने जंगलों में चुपचाप घूमना, बिजली की तरह हमला करना, और फिर ओझल हो जाना सीख लिया। उनका हथियार था राइफल, लेकिन असली ताकत थी उनका आत्मबल और करिश्मा।

1922 से 1924 तक उन्होंने रम्पा विद्रोह का नेतृत्व किया। अंग्रेज़ी चौकियों पर हमला, गांवों की आज़ादी, पुलों और रास्तों का विध्वंस — यह सब राजू और उनके साथियों ने किया।

ब्रिटिश उन्हें "जंगल का शेर" कहते थे।

लेकिन अंततः एक गद्दार की सूचना पर वे पकड़े गए और मार दिए गए। फिर भी उनकी गाथा अमर हो गई — यह साबित करती हुई कि साहस और सत्यनिष्ठा से साम्राज्य भी गिराए जा सकते हैं।

तांत्या भील (अज्ञात–1889): मध्यप्रदेश का रॉबिनहुड

मध्यप्रदेश के बीहड़ों में एक नाम गूंजता था — तांत्या भील।

भील जनजाति में जन्मे तांत्या ने अपनी आँखों से देखा कि कैसे अंग्रेज़ी कर अधिकारी और भ्रष्ट जमींदार आदिवासियों का शोषण कर रहे थे। भील, जो तीरंदाज़ी

और जंगलों की गहरी समझ के लिए प्रसिद्ध थे, उन्हें अक्सर अपराधी घोषित कर दिया जाता था।

लेकिन तांत्या ने शोषण के खिलाफ़ एक अनोखा रास्ता चुना — एक डाकू बना, लेकिन गरीबों का मसीहा।

वह अमीर अंग्रेज़ अधिकारियों और जमींदारों से धन छीनकर गरीबों में बाँटते थे।
उनके तीर और गोलियां उम्मीद का प्रतीक बन गए थे।

कहानियां कहती हैं कि वह जंगल में ऐसे गायब हो जाते थे जैसे धुआं हवा में।

1889 में, एक लम्बे संघर्ष के बाद उन्हें पकड़ लिया गया और फांसी दे दी गई। लेकिन आज भी भील समुदाय उनके गीत गाते हैं — एक ऐसे नायक की याद में, जो न्याय के लिए लड़ा, नाम और महलों के लिए नहीं।

आदिवासी नारियाँ: मौन प्रतिरोध की नायिकाएँ

जब पुरुष युद्धों का नेतृत्व कर रहे थे, तब स्त्रियाँ उनकी रीढ़ बनकर खड़ी थीं। उन्होंने न केवल शस्त्र उठाए, बल्कि संस्कृति, परंपरा और आत्मा को जीवित रखा।

रानी गैदिन्लिउ (1915–1993) — एक नागा युवती, जिन्होंने महज़ 16 वर्ष की आयु में पूर्वोत्तर भारत में ब्रिटिश राज के खिलाफ़ विद्रोह का बिगुल बजाया।

उन्होंने पारंपरिक नागा आस्था को पुनर्जीवित किया और अंग्रेज़ी हुकूमत को खुली चुनौती दी। वर्षों तक जेल में रहीं, लेकिन उनका हौसला कभी न टूटा।

उनकी कहानी और हजारों अन्य आदिवासी महिलाओं की गाथाएँ यह बताती हैं कि यह लड़ाई केवल पुरुषों की नहीं थी — यह एक पूरे समुदाय का संघर्ष था।

इतिहास से आगे की विरासत

इन आदिवासी नायकों ने न तो पदक माँगे, न मूर्तियाँ। उन्होंने लड़ा — अपनी ज़मीन, अपनी पहचान और अपने सम्मान के लिए।

उनकी कहानियाँ केवल इतिहास की घटनाएँ नहीं, बल्कि यह याद दिलाती हैं कि विरोध की जड़ें प्रेम में होती हैं — उस मिट्टी से प्रेम, जिसने उन्हें पाला; उन जंगलों से प्रेम, जिन्होंने उन्हें छाँव दी; और उस भविष्य से प्रेम, जिसे वे अपने बच्चों के लिए देख रहे थे।

जब सूरज जंगल की पहाड़ियों के पीछे छिपता है, तो उनकी आवाज़ें अब भी उठती हैं — पराजय में नहीं, अमर प्रतिकार में।

अध्याय 5: पारंपरिक हथियार

बांस के जंगल में नरम हवा सिसक रही थी। धुंधली आग की रोशनी के नीचे एक बुजुर्ग ने एक धनुष पकड़ा — जो केवल लकड़ी और रस्सी नहीं था, बल्कि एक विरासत था। उसके चारों ओर युवा आँखें कौतूहल से चमक रही थीं। वे केवल लड़ना नहीं सीख रहे थे, बल्कि यह भी जान रहे थे कि उनके पूर्वज क्यों और कैसे लड़ते थे।

जनजातीय संस्कृति में हथियार केवल युद्ध के औजार नहीं थे। वे ज़रूरत से जन्मे, प्रकृति से गढ़े, और श्रद्धा के साथ चलाए जाते थे। हर तलवार एक कहानी कहती थी। हर धनुष की तान जीवन की गाथा गाती थी।

हर जनजातीय योद्धा के दिल में — मध्य प्रदेश के भीलों से लेकर बंगाल के संथालों तक — हथियार केवल हथियार नहीं थे। वे आत्मा का विस्तार थे।

धनुष और तीर: जंगल की पहली भाषा

गोलियों से पहले धनुष थे। और जनजातीय हाथों में धनुष मौत की फुसफुसाहट था — मौन, तीव्र, और पवित्र।

बांस, शीशम या पलाश की लकड़ी से बना, और तने के रेशों से पिरोया हुआ, धनुष पीढ़ी दर पीढ़ी चलता था। यह केवल शिकारी का हथियार नहीं था। यह किसान की सुरक्षा था, बच्चे की परंपरा थी, और योद्धा का गर्व था।

जनजातीय लड़के अपने तीर खुद तराशते थे — लोहे की नोक वाले, कुछ तेज पत्थर या सांप के जहर से। अलग-अलग तीर अलग-अलग शिकार के लिए: बड़े जानवरों के लिए चौड़े सिर वाले, मछली पकड़ने के लिए कांटेदार, और दुश्मनों के लिए खोखले सिर वाले, जो हवा में भूतिया संदेशवाहक की तरह सिटी मारते थे।

भीमा नायक के विद्रोह में कहा जाता है कि उनका एक तीर हड्डी और डर दोनों को चीर सकता था। संथाल की कहानियों में, तिलका मांझी का जहर भरा तीर ब्रिटिश कमिश्नर को पीढ़ियों का क्रोध बनकर गिरा दिया।

धनुष ने धैर्य सिखाया। तीर ने निशानेबाजी। दोनों ने मिलकर जंगल का सबसे पुराना गीत गाया — तब वार करो जब वाकई ज़रूरत हो।

भाला या टांघी: योद्धा का दूसरा रूप

हो या मुंडा जनजाति के योद्धा को युद्ध में दौड़ते देखना एक नृत्य देखना था — और उस नृत्य के बीच, आग की तरह चमकती हुई टांघी थी।

लोहे से बनी और लकड़ी के हैंडल पर जड़ी टांघी, अक्सर पीतल की कील या जनजातीय नक्काशी से सजी, केवल हथियार नहीं, बल्कि साथी थी।

यह कुल्हाड़ी द्वैत का प्रतीक थी: कटाई भी करती, रक्षा भी। इसका मालिक किसान और योद्धा दोनों था — रक्षक और उपभोक्ता।

बीरसा मुंडा के नेतृत्व में उलगुलान में, टांघियां जंगल में छापामार हमलों में चमकती थीं, रात के अंधेरे में उपनिवेशी शिविरों पर बिजली की तरह टूटती थीं।

युद्ध से पहले टांघी को जागृत करने के अनुष्ठान होते थे। फुसफुसाते प्रार्थना, मलन तेल, और मिट्टी छिड़कना। क्योंकि टांघी उठाना वादा करना था — भूमि की, जनजाति की, सम्मान की रक्षा का।

साल-पत्ता तलवार: पत्ते जैसी, आत्मा की नक्काशी

गोंडों में एक कम जानी-पहचानी लेकिन सम्मानित तलवार थी — साल -पत्ता तलवार। यह एक छोटी तलवार थी, जिसका ब्लेड साल के पत्ते के जैसा नर्म और घुमावदार होता था।

पत्ता क्यों?

क्योंकि जंगल उनका गुरु था। गोंड योद्धा सद्भाव में विश्वास करते थे — यहाँ तक कि लड़ाई में भी। सीधी तलवार ज़्यादा घाव करती थी। घुमावदार तलवार केवल उतना ही काटती था जितना ज़रूरत हो।

साल -पत्ता तलवार निकट संघर्ष में इस्तेमाल होती थी। हल्की, तेज और संतुलित, जिससे योद्धा घने जंगल में हवा की तरह घूम सके।

लोककथाओं में कहा जाता है कि कोमाराम भीम अपनी धोती में एक छोटी तलवार छुपाए रखते थे — मारने के लिए नहीं, बल्कि अपने दुश्मनों को याद दिलाने के लिए कि जंगल कभी चुपचाप हार नहीं मानता।

अग्नि भाला: क्रोध और अनुष्ठान का प्रतीक

राजस्थान और गुजरात के भील जनजाति के पास एक अनोखा हथियार था — अग्नि भाला।

तेल में भिगोया हुआ कपास का छोटा मशाल भाले की नोक पर लगाया जाता था, जिसे योद्धा त्योहारों में जलाया जाता था। युवा इसके साथ नृत्य करते थे ताकि अपनी प्रतिक्रिया, साहस और संतुलन की परीक्षा ले सकें।

लेकिन युद्ध के समय, अग्नि भाला असली हथियार था। दुश्मन की सप्लाई जलाने या घात लगाकर ध्यान भटकाने के लिए इस्तेमाल होता था। अग्नि भाला अनुष्ठान को प्रतिरोध में बदल देता था।

यह सबको याद दिलाता था: आग, जब सीमित हो, तो गर्माहट देती है। जब खुल जाए, तो शुद्धिकरण।

बांस की चकरी: घूमती हुई चौंकाने वाली हथियार

उत्तर-पूर्व के जनजातीय इलाकों में युवा लड़ाके बांस की चकरी से प्रशिक्षण लेते थे — एक ऐसा हथियार जो हाथ में घूमता था और नुकीले ब्लेड लगे होते थे, प्रकृति के चक्रों से प्रेरित।

सटीक फेंकी जाने वाली चकरी चुपके से हथियार छीन सकती थी या घायल कर सकती थी। इसे कभी फैक्ट्री में नहीं बनाया जाता था। हर चकरी हस्तनिर्मित होती थी, जिसका संतुलन घंटों परखा जाता था।

यह सिखाती थी लौटने का पाठ: जो भेजो, वही वापस आता है। जैसा कर्म, वैसा नतीजा।

जनजातीय फंदे: रक्षा के इंजीनियर

हथियार हमेशा हाथ में नहीं होते थे — कुछ छुपाए जाते थे।

संथाल और नागा जंगल के फंदे बनाने में माहिर थे: बेलों के फंदे, कांटेदार गड्ढे, भारी जाल और जहर लगे कांटे।

ये सिर्फ शिकार के औजार नहीं थे। विद्रोहों में ये सेनाओं को धीमा करते, सप्लाई लाइन तोड़ते, और जंगल को किले में बदल देते।

फंदे कोई कहानी नहीं बताते। वे केवल दुश्मन को याद दिलाते हैं कि हर जड़, हर पत्थर देख रहा है।

हथियार सजाने का अनुष्ठान: केवल युद्ध के लिए नहीं

युद्ध से पहले जनजातीय योद्धा "भूमि स्पर्श" करते थे — हथियार से धरती छूते थे। यह अनुष्ठान उन्हें याद दिलाता था: जमीन हमें हथियार देती है, जमीन ही तय करती है कब उन्हें इस्तेमाल करना है।

हथियार खिलौना या शिकार नहीं थे। वे पवित्र थे। यहां तक कि मौत में भी, योद्धा के हथियार उसके साथ दफनाए जाते थे — क्योंकि अगली दुनिया को भी सुरक्षा चाहिए।

आज के हाथों में प्रतिध्वनि

आज स्कूलों और घरों में ये हथियार दीवारों पर टंगे होते हैं या संग्रहालयों में सो रहे होते हैं। लेकिन गांवों में, त्योहारों, नृत्यों और मौखिक कथाओं की रातों में, वे फिर से जीवित हो उठते हैं।

कर्मा त्योहार में धनुष तना होता है।

हुल दिवस के पुनर्निर्माण में भाला उठता है।

फसल पूजा में तलवार देवताओं को अर्पित की जाती है।

क्योंकि हथियार केवल मारने के लिए नहीं थे।

वे प्रतीक थे।

प्रतिरोध का।

स्मरण का।

पहचान का।

अध्याय 6: आदिवासी समुदायों में युद्धकला के अभ्यास

"तुम लड़ना नहीं सीख रहे हो," बूढ़े आदमी ने धीरे-धीरे अपनी कमर पर पगड़ी कसते हुए कहा। "तुम सीख रहे हो सुनना — अपनी सांस को, अपनी मिट्टी को, अपने दुश्मन की धड़कन को।"

लड़का नंगे पांव लाल मिट्टी पर खड़ा था, दिल ड्रम की तरह तेज़ी से धड़क रहा था। उसके चारों ओर उसके गाँव के भाई — दुबले, तेज़-तर्रार, जमीन से जुड़े — मौन में खड़े थे। फिर पहला आक्रमण हुआ: एक नीची झुक, एक झाड़ू की तरह छड़ी का प्रहार, अचानक एक छलांग। यह सिर्फ लड़ाई नहीं थी। यह ताल था। बिना संगीत का गीत। जीवन की भाषा।

यह था काठी सामु — दक्षिणी आदिवासी क्षेत्रों की छड़ी-लड़ाई की कला। लेकिन पूरे भारतीय उपमहाद्वीप में, झारखंड के जंगलों से लेकर बस्तर की पहाड़ियों और पूर्वोत्तर की दूरदराज घाटियों तक, आदिवासी समुदायों ने प्राचीन काल से ऐसी मार्शल आर्ट्स की प्रैक्टिस की है जो आधुनिक युद्ध और इतिहास से भी पहले की हैं।

वे इसे मार्शल आर्ट्स नहीं कहते थे। उनके लिए यह बस थी शिक्षा — अनुशासन, परंपरा — विरासत, और धर्म — कर्तव्य।

मिट्टी से जन्मी, संघर्ष में पली

आदिवासी मार्शल आर्ट्स मनोरंजन या खेल के लिए नहीं बनी थीं। यह ज़मीन, पशु, फसल, महिलाओं और आज़ादी की रक्षा की ज़रूरत से जन्मी थीं। हर चाल एक संदेश थी। हर हथियार स्मृति में तराशा गया था, किसी लोहे की भट्टी में नहीं।

जब एक बार एक ब्रिटिश अधिकारी ने एक संथाल बुजुर्ग से पूछा कि उनके लोग बिना औपचारिक सेना प्रशिक्षण के इतने समन्वय और ज़ोर से क्यों लड़ते हैं, तो बुजुर्ग मुस्कुराए और बोले, "क्योंकि हम हाथों से नहीं, अपने पूर्वजों की शक्ति से लड़ते हैं।"

छड़ी की कला: काठी सामु, लाठी खेला और डंडा युद्ध

संथाल, गोंड और उरांव जनजातियों में, लाठी या छड़ी केवल एक हथियार नहीं — योद्धा की रीढ़ की हड्डी का विस्तार है।

झारखंड में, छोटे लड़के अपने हाथों और माथे पर बाँस की छड़ें संतुलित कर प्रशिक्षण शुरू करते हैं। वे जंगलों में दौड़ते हैं, नदियों को छलांग लगाकर पार करते हैं, शाखाओं से बचते हैं, अपने पैरों से ज़मीन की भाषा सीखते हैं।

काठी सामु (तेलंगाना और छत्तीसगढ़ के कुछ हिस्सों में प्रचलित) में, योद्धा 5-6 फुट की छड़ें लेकर उन्हें वृत्ताकार घुमाते हैं, और निरंतर प्रवाह में हमला करते हैं। एक मास्टर अपनी हरकत कभी व्यर्थ नहीं करता। हर प्रहार सावधानी से आता है, ज़ोर से नहीं।

इस कला की सुंदरता इसकी द्वैतता में है — यह प्रत्युत्तर से पहले संयम सिखाती है। पहला कदम कभी हमला करना नहीं, बल्कि बचाव करना होता है।

सालाना अखाड़ा उत्सवों में पूरा गाँव मास्टरों के बीच द्वंद्वयुद्ध देखने इकट्ठा होता है। लेकिन यह तमाशा नहीं होता। हर मुकाबला ज़मीन और प्रतिद्वंद्दी को प्रणाम करके खत्म होता है — एक याद दिलाने के लिए कि हर लड़ाई सम्मान छोड़नी चाहिए, न कि नफ़रत।

पहाड़ों और जंगल की सिलम्बम

तमिलनाडु और केरल के दक्षिणी आदिवासी इलाकों में, सिलम्बम — भारत की सबसे प्राचीन मार्शल आर्ट्स में से एक — गहरी आदिवासी जड़ों से जुड़ी है।

कुरिंजी पहाड़ों में जन्मी, जहां कुरुंबा जैसे जनजाति के लोग स्टाफ और भाले से जंगल के रास्तों की रक्षा करते थे, सिलम्बम एक गुरिल्ला कला थी। लड़ाके हवा की तरह आते और जाते थे। उनका कदम जानवरों की चाल की नकल करता था — बाघ की छलांग, हिरण की चपलता, नाग का वार।

आज भी, डिंडीगुल और पलानी के कुछ आदिवासी बच्चे पतले रट्टान के डंडे लेकर ट्रेनिंग करते हैं, जब तक लकड़ी गीत न गाने लगे।

एक किंवदंती है कि एक सिलम्बम मास्टर बिना किसी को मारे पांच सैनिकों को हथियार से मुक्त कर सकता था। क्योंकि दुश्मन को हराना उससे बड़ा क्या हो सकता है, उसे तलवार छोड़ना सिखाना।

आदिवासी कलारी: भूली हुई धाराएं

सबने केरल की कलारीपयट्टु का नाम सुना है। लेकिन इसके आदिवासी उपशाखाओं की बात कम होती है।

पानिया, आदिया और कुरिचिया की अपनी शैलियाँ थीं। ज़मीन के करीब, नीचे की ओर झुकी। जहां मुख्य योद्धा मंदिरों में प्रशिक्षण लेते थे, वहां ये जंगल के लड़ाके आग की रोशनी में अभ्यास करते थे, बुजुर्गों की देखरेख में, जो प्रकृति को गुरु मानते थे।

वे तत्वों को नियंत्रित करना सीखते थे — रेत से आंखें धोखा देना, पानी पर फिसलना, शाखाओं से बचाव, हवा से दिशाएँ बदलना।

उनका तरीका इतिहास में खो गया हो, लेकिन आदिवासी गांवों में वह आज भी सांस लेता है, जहाँ बूढ़े लोग भोर में नीची मुद्रा में युद्ध गीत फुसफुसाते हैं।

बस्तर के धुरवा योद्धा और अमर बोल की आत्मा

बस्तर के चट्टानी पहाड़ों में, धुरवा जनजाति एक युद्ध गीत याद रखती है — "अमर बोल!" — जो पूर्वजों और जोश दोनों को जगा देता है।

युवकों को भाला फेंकना, छोटी तलवारों से लड़ना, और घात लगाकर हमला करना सिखाया जाता है। उनकी युद्ध परंपरा बस्तर के दशहरा से जुड़ी है, जहां आदिवासी राजा अभी भी छाल और पीतल से बने प्रतीकात्मक कवच पहने योद्धाओं द्वारा संरक्षित होता है।

समारोहों में नकली लड़ाइयाँ होती हैं, कौशल दिखाने के लिए नहीं, बल्कि संघर्ष के अनुभव को जिंदा रखने के लिए — आक्रमणकारियों, औपनिवेशिकों और समय के खिलाफ।

यहाँ एक योद्धा केवल शरीर से नहीं लड़ता। वह स्मृति से लड़ता है।

पशु के रूप और आंदोलन का दर्शन

आदिवासी मार्शल आर्ट्स में आंदोलन अक्सर जानवरों की नकल होता है — नकल के लिए नहीं, बल्कि गहरी समझ के लिए।

- बाघ की चाल गुप्त हमलों में काम आती है।
- केकड़े की मुद्रा दो-फ्रंट हमलों में स्थिरता देती है।
- हाथी के कदम भारी कुल्हाड़ी से लड़ने में उपयोगी होते हैं।
- बंदर की लुढ़कन चोट से बचना सिखाती है।

ये शैलियाँ जुबानी परंपरा, गीतों, नृत्यों और मौसमी त्योहारों में संजोई जाती हैं। एक शिकारी अपने बेटे को सिखाता, "नाग को देखकर नेवला कैसे चलता है?" यही सबक था।

युद्ध नृत्यः कला की छुपी हुई भाषा

आदिवासी युद्धाभ्यास अक्सर नृत्य के रूप में होता था — उपनिवेशवाद के समय जब असली हथियार बंद थे।

- ओड़िशा का पैका अखाड़ा
- गोंड जनजातियों का गुड्डुसी
- झारखंड का कर्मा नृत्य
- नागाओं के बीच थांग्टा से प्रेरित नकली द्वंद्वयुद्ध

ये नृत्य केवल कला नहीं थे। ये युद्ध के छुपे हुए सूत्र थे, बिना कागज के, पीढ़ियों की मांसपेशी स्मृति में जलते हुए।

हर ताल में एक युद्ध कथा थी।
हर कदम में एक बलिदान।

अखाड़े की आत्मा

अधिकांश आदिवासी गाँवों में "दंगल अखाड़ा" होता था — बरगद या महुआ के पेड़ के पास खुला मैदान, जहां युवा योद्धा भोर में प्रशिक्षण लेते थे।

यहाँ लड़ाई जीतने के लिए नहीं, जागने के लिए होती थी। अखाड़ा वह जगह थी जहां आप शिकारी नहीं बनते थे। यह सिखाता था कि क्या नहीं मारना चाहिए।

यह विनम्रता, सम्मान और संयम सिखाता था। हर लड़के को याद दिलाता था कि बिना उद्देश्य की ताकत उतनी ही बेकार है जितनी बिना तार का धनुष।

खत्म होती कलाएँ

आज ये कई कलाएँ विलुप्त होने की कगार पर हैं। इनके मास्टर कम हो रहे हैं। शिष्य कम। जंगल सिकुड़ रहे हैं।

यादें भी।
लेकिन कुछ कोनों में — जैसे नेतारहाट की पहाड़ियों में,
बस्तर के मिट्टी के अखाड़ों में, नागालैंड की पत्थर की
खुली जगहों पर — मार्शल रिदम की सांस अभी भी
चलती है।
कभी सूर्योदय में अकेले अभ्यास करता बूढ़ा।
कभी बच्चा जो अभी भी दादा की तरह कंधे पर छड़ी
संतुलित करता है।

अंत में, मार्शल आर्ट सिर्फ शरीर की बात नहीं

यह जुड़ाव की बात है।
ज़मीन से।
विरासत से।
उस चीज़ से जिसके लिए लड़ना है — लेकिन कभी
नफ़रत से नहीं।
आदिवासी योद्धा बनने का मतलब है पहला हथियार
उठाना नहीं।
यह अपनी चेतना उठाने का नाम है — खुद की, अपनी
जाति की, अपने सत्य की।

अध्याय 7: अंग्रेज़ शासन के खिलाफ आदिवासी प्रतिरोध: युद्ध कौशल और रणनीतियाँ

"हम कोई वर्दी नहीं पहनते, साहिब। हम तो मिट्टी पहनते हैं। हम किसी राजा के लिए नहीं लड़ते। हम अपनी जंगली जमीन, अपने देवताओं, और अपने पूर्वजों की हड्डियों के लिए लड़ते हैं, जो इस धरती के नीचे दफ़न हैं।"

ब्रिटिश अफ़सर ने उनकी ताकत को कम आंका था। हमेशा की तरह।

उनके पास तो राइफल और तोप थीं। मगर हमारे आदिवासियों के पास थे धनुष, कुल्हाड़े, और छाती में जलती हुई आग।

और छोटानागपुर के घने जंगलों में, बस्तर की पहाड़ियों में, पलामू की घाटियों में, और नीलगिरी की वादियों में वही आदिवासी थे जो जमीन को जानते थे — हवा को, छायाओं को — और चुप्पी को अपनी सबसे बड़ी हथियार बना लेते थे।

उनके पास कोई बड़ी सेना नहीं थी, न पंक्तिबद्ध टुकड़ी।

पर जब जंगल पुकारते थे, तो पूरे गाँव एक साथ सेना बन जाते थे, और हर पहाड़ी एक किला।
यह कोई बग़ावत नहीं थी।

यह थी प्रतिरोध की आग — कच्ची, स्वदेशी, और ज़मीन की आत्मा में जड़ी हुई।

अदृश्य हथियारों की अनकही कहानी

ब्रिटिशों की संगठित सेना के विपरीत, आदिवासी लड़ाई का तरीका था — सहज, चुस्त, और आध्यात्मिक।
उनके पास कमांड की एक लंबी श्रृंखला नहीं थी, पर हर समूह का एक नेता होता था — कोई न कोई आध्यात्मिक योद्धा जैसे कि बिरसा मुंडा, सिधु और कान्हू मुर्मू, तेलंगा खारिया, तांत्या भील, या वीर नारायण सिंह।

उनकी रणनीतियाँ जमीनी और जंगल की समझ से भरी थीं।

वे लड़ते थे जैसे जंगल खुद लड़ता है — चुपचाप, अचानक, और जब ज़रूरत हो तो बिना दया के।

जंगल: पहली और सबसे बड़ी तलवार

ब्रिटिश अफ़सरों को भाले से ज्यादा जंगल से डर लगता था।

आदिवासी योद्धा घने जंगलों को अपनी पोशाक बनाते थे।

वे ऐसे रास्ते बनाते थे जो बाहर वालों को दिखाई नहीं देते थे।

साल के पेड़ों पर पहरे लगाते, सींग और पक्षियों की आवाज़ से एक-दूसरे से बात करते, राख और छाल से अपने आप को छिपा लेते।

एक सिपाही ने अपने डायरी में लिखा:

"हम तमाड़ के पास जंगल में घुसे। एक घंटे में दो आदमी खो दिए। गोली से नहीं, जाल और जहरीले कांटों से। एक भी बागी को हमने नहीं देखा।"

यह थी अदृश्यों की लड़ाई।

जंगल के बने हथियार

उनके पास तो मस्कट बंदूक नहीं थे, पर थे जंगल के अपने हथियार:

- लौह नोक वाले तीर, जिन पर अकांडा या धतूरा के विष का लेप था।
- छुरा, जो करीब की लड़ाई में प्रयोग होता था।

- टांगी (युद्ध कुल्हाड़े), परिवार के चिन्हों से सजाए हुए, पीढ़ी दर पीढ़ी चले आ रहे।
- लकड़ी के भाले, जो बड़ी सटीकता से फेंके जाते थे।
- फंदे और झूले, पेड़ों में छुपाए हुए।

कुछ तो डरावने डरावने पुतले तक बनाते थे, जिन्हें देखकर ब्रिटिश सैनिक भ्रमित हो जाते थे।

गुरिल्ला हमले और गांवों का विद्रोह

उनकी लड़ाई कभी बड़ी टकराव की नहीं थी।

यह थी गुरिल्ला युद्ध की कला — जोरदार हमला करो, फुर्ती से गायब हो जाओ।

अचानक घात, भंडार पर हमला, अड़चनें पैदा करना, और अभिलेखों को जलाना।

- संथाल विद्रोह (1855-56) में सिधु और कन्हू ने 10,000 से अधिक आदिवासी योद्धाओं का नेतृत्व किया, जिन्होंने हॉर्न की आवाज़ों, चौपालों और संदेशवाहकों के जरिए ब्रिटिश पोस्टों को घेरकर तहस-नहस कर दिया।
- बिरसा मुंडा का उल्गुलान (विद्रोह) 1895-1900 में सिर्फ शारीरिक संघर्ष नहीं, बल्कि आध्यात्मिक युद्ध था। उन्होंने नए धर्म की घोषणा की और

सरना वृक्ष को धनुषों के आशीर्वाद के लिए बैठक स्थल बनाया।

- बस्तर में गुंडा धूर ने 10,000 से अधिक मारिया और मुरिया आदिवासियों को जमीन के कर और ज़बरदस्ती मजदूरी के खिलाफ संगठित किया। वे युद्ध बैठकों को छुपाने के लिए रीति-रिवाजों और त्योहारों का सहारा लेते थे।

ये लड़ाइयां संख्या की नहीं, बल्कि आत्मा और फौलादी जज़्बे की थी।

पवित्र कसमें और आध्यात्मिक ऊर्जा

हमले से पहले, योद्धा नदी के पानी से हाथ धोते और अपने कबीले के देवताओं — लुगु बुरु, बूढ़ा देव, या पहाड़ के भूतों — के नाम पर कसम खाते।

उनके झंडे राष्ट्रीय नहीं थे। बाँस की डंडी और लाल कपड़े, हल्दी और खून में डूबे हुए।
ये चिन्ह उन्हें याद दिलाते थे: तुम अकेले नहीं लड़ रहे, तुम्हारे पूर्वज तुम्हारे साथ हैं।

बिरसा मुंडा ने अपने लोगों से कहा था:
"हमारे तीर आशीर्वादित हैं। हमारी पहाड़ियां उठेंगी। हमारे देवता सोते नहीं।"

मनोवैज्ञानिक युद्ध और रणनीति

आदिवासी नेताओं ने समझा कि वे ब्रिटिश की ताकत का सामना नहीं कर सकते। इसलिए उन्होंने दिमागी युद्ध अपनाया:

- रात में ड्रम बजाकर डर उत्पन्न करना और नींद उड़ा देना।
- डराने के लिए पुतलों को पेड़ों से लटकाना।
- ब्रिटिश फूड काफिलों पर अचानक हमला।
- रास्तों को रोकने के लिए सूखे झाड़ में आग लगाना।
- दिखावा करना कि वे हार मान रहे हैं, और पीछे से हमला करना।

ब्रिटिश अफ़सरों ने इन "जंगली तरीकों" को समझने की बहुत कोशिश की, पर ये समझ नहीं पाए कि ये बस समझदारी से किये गए, स्थानीय और बुद्धिमत्ता से भरे हमले थे।

छायाओं की महिला योद्धाएं

जंगल ने युद्ध में पुरुष और महिला में फर्क नहीं रखा।

- फुलो-झानो और मोती रानी जैसी संथाल महिलाओं ने नृत्यकारों या शादी के मेहमानों के वेश में छापे मारे।

- महिलाएं ब्रिटिश के कुओं में जड़ी-बूटियां डालतीं। वे चाकू अपनी साड़ियों के नीचे छुपातीं। जासूसी संदेश पहुंचातीं, ब्रिटिश रेखाओं को रोज़मर्रा के काम दिखाकर पार करतीं।

एक ब्रिटिश लेफ्टिनेंट ने लिखा था:

"महिलाएं पुरुषों से भी ज़्यादा खतरनाक हैं। वे मुस्कुराती हैं, पानी देती हैं, और जब आपका ध्यान हटता है, चाकू आपकी पीठ में घोंप देती हैं।"

यह क्रूरता नहीं, यह युद्ध था।

अंतिम वार और धीमी हार

आखिरकार आदिवासी विद्रोह को क्रूरता से दबा दिया गया। सैकड़ों को मौत की सजा दी गई, गांव जलाए गए, जंगल छीन लिए गए।

- सिधु और कान्हू को धोखा देकर मार दिया गया।
- बिरसा को पकड़ा गया और मात्र 25 साल की उम्र में रहस्यमय तरीके से रांची जेल में उनकी मौत हुई।
- बस्तर के मुरिया योद्धा चुप कर दिए गए।

पर ब्रिटिश कभी जीत नहीं पाए। वे केवल समय से आगे बढ़ गए। आदिवासी प्रतिरोध की आत्मा मरती नहीं — वह गुमनामी में चली गई।

वह गीतों में ज़िंदा रही। कुल्हाड़ों में दबी जड़ों के नीचे। शादी की रस्मों में फुसफुसाई गई कसमों में।

विरासत और सबक

यह लड़ाई केवल स्वतंत्रता की नहीं थी।

यह थी पहचान, सम्मान, और घुटने टेकने से इनकार की।

उनकी रणनीतियाँ सैन्य अकादमियों में नहीं सिखाई जातीं। पर वे जंगल की मिट्टी में, पेड़ों की चोटियों पर, और हर बच्चे के दिल में गूंजती हैं, जो प्रतिरोध के गीतों पर बड़ा हुआ।

आधुनिक भारत को यह याद रखना होगा:

हमारी आज़ादी केवल अदालतों और सम्मेलनों में नहीं जीती गई।
यह उन पेड़ों की छाल में भी खुदी हुई है, जिन पर छिपे हुए तीरों ने निशान बनाए।

अध्याय 8: युद्ध नृत्य रूप: छऊ और पैका

"जब ढोल की थाप बजती है, हमारे पूर्वज जाग उठते हैं। जब हमारे पांव धरती पर थिरकते हैं, देवता जाग जाते हैं। यह कोई नृत्य नहीं, यह युद्ध गीत है।"

चाँद साल के पेड़ों के ऊपर मंदमंद चमक रहा था। गांव के चौक में आग की मशालें फड़क रही थीं। राख, हल्दी और लाल मिट्टी से रंगे योद्धाओं का घेरा कस रहा था। उनके चेहरे छिपे हुए थे, लेकिन उनकी आत्मा खुली थी।

फिर बजी पहली ढोल की थाप।
धरती में एक हलचल सी हुई — भय नहीं, बल्कि स्मृति की।

क्योंकि पूर्वी भारत के हृदय में — झारखंड, ओडिशा और पश्चिम बंगाल की भूमि पर — युद्ध हमेशा खून से नहीं लड़ा जाता।

कभी-कभी, यह नृत्य होता है।

छऊ: देवताओं और योद्धाओं का नृत्य

छऊ सिर्फ कला नहीं है। यह पूजा है। यह युद्ध है। यह भक्ति है।

पश्चिम बंगाल के पुरुलिया, झारखंड के सरायकेला और ओडिशा के मयूरभंज के आदिवासी और योद्धा कुलों से उत्पन्न यह नृत्य मार्शल अभ्यास, आध्यात्मिक समर्पण और समुदाय की एकजुटता से जन्मा।

- सरायकेला छऊ: बड़े, जटिल मुखौटों में नर्तक — जो देवता, राक्षस या नायक का प्रतीक होते हैं। चलने-फिरने में संयम लेकिन गरिमा होती है। कहते हैं मुखौटा पहनने से योद्धा अहंकार से मुक्त हो जाता है।
- मयूरभंज छऊ: बिना मुखौटे के, चेहरे पर भावों का खेल। चलने-फिरने में और अधिक कच्चापन, अखाड़ों और मार्शल काताओं के करीब।
- पुरुलिया छऊ: सबसे नाटकीय। ऊंचे छलांग, तलवार की चमक, भव्य अभिनय और युद्ध के उद्घोष। तारों के नीचे एक ब्रह्मांडीय युद्ध।

इन तीनों को जोड़ती है उनकी आत्मा — युद्ध की लय, देवताओं की भक्ति और आदिवासी मार्शल परंपरा की विरासत।

काताओं से बनी कोरियोग्राफी

छऊ के कई कदम मार्शल अभ्यासों से प्रेरित हैं:

- परि-घाटा: हथियार लेकर घूमते हुए छलांग, जो कई दिशाओं से हमला दर्शाता है।
- उल्टा-भूमि: तलवार निकाले पीछे की ओर लुढ़कना — वास्तविक युद्ध में बचाव और प्रहार के लिए।
- पागा-मारू: ज़मीन पर पैर पटकना, युद्ध के तनाव का भाव।
- रूक-मारू: रक्षा मुद्रा, देवी दुर्गा या कार्तिकेय जैसे देवताओं के प्रतीकात्मक हाव-भाव।

हर गति एक संस्कारित काता है, संगीत में छुपा युद्ध।

पौराणिक कथाएं मांसपेशियों में बुनी

छऊ के प्रदर्शन महाभारत, रामायण और आदिवासी कथाओं के दृश्य प्रस्तुत करते हैं:

- महिषासुर का रूप धारण करके नर्तक बैल जैसे भारी कदम से प्रवेश करता है, सिर झुका, सींग हिलाते हुए।
- देवी दुर्गा तलवार और त्रिशूल के साथ, सुंदरता और मृत्यु का संतुलन।
- आदिवासी पूर्वज जैसे बिरसा मुंडा या तांत्या भील, वनास्त्रों के साथ, चलने-फिरने में सधी हुई ताकत और ज्वलंत भाव।

छऊ का हर कदम प्रतिरोध की याद है, ताकत और जीवट का उत्सव।

तैयारी का संस्कार

नृत्य से पहले कलाकार शुद्धिकरण करते हैं।

नदी में स्नान, साग के पत्तों की पूजा, कुल देवताओं के मंत्र। मुखौटा मात्र आभूषण नहीं, पवित्र पात्र हैं। बुजुर्ग कहते हैं, मुखौटा पहनते ही नर्तक नहीं रहता — केवल आत्मा बचती है।

पुरुलिया का एक युवा नर्तक कहता है:

"जब मैं रावण बनता हूँ, मैं अभिनय नहीं करता। मैं अपने लोगों के हर अन्याय का स्वरूप बन जाता हूँ। मेरी युद्धध्वनि मेरे गले से नहीं, बल्कि मेरे दादा की कब्र से आती है।"

पैका: ओडिशा के भूले हुए योद्धा

पैका गजपति राजा के पैदल सैनिक थे। 'पदाटिका' यानी पैदल लड़ने वाले। जब उनकी जरूरत खत्म हुई, अंग्रेज़ों ने उनका सम्मान छीना।

पर वे मिटे नहीं।

अपने युद्ध अभ्यास को पैका अखाड़ों में बदला — युद्ध परंपराओं को नृत्य के माध्यम से जीवित रखा।

थाप पर युद्ध

पैइका नृत्य में तलवार और ढाल की टकराहट होती है, ऊंची छलांगें और नीचे की युद्ध मुद्रा, समन्वयित युद्ध-कला जो मृदंग और ढोल की ताल पर होती है।

ये नृत्य नहीं, संहिताबद्ध अभ्यास हैं — चुपचाप लड़ने, फुर्ती से लड़ने और युद्ध अनुशासन सिखाने के लिए। आठ साल के बच्चे भी प्रशिक्षण शुरू करते हैं — मंच पर प्रदर्शन के लिए नहीं, बल्कि याद रखने के लिए।

उपनिवेशवादी दमन

ब्रिटिश पैइका से डरते थे। 1817 में बक्शी जगबंधु के नेतृत्व में विद्रोह हुआ। अंग्रेज़ी कर केंद्र, नमक भंडार, पुलिस चौकियां पर हमला। जंगलों में छिपकर गुप्त हमले।

ब्रिटिश ने पैइका अखाड़ों पर प्रतिबंध लगाया। कई गिरफ्तार किये गए।

पर पैइका जिंदा रहे — जंगल की गुफाओं में, शादी के रीति-रिवाजों में और गांव के त्योहारों में नृत्यों के रूप में।

आज भी पैइका अखाड़ों में तलवारों की खनक सुनाई देती है, हालांकि कम लोग उनके इतिहास को जानते हैं।

आत्मा का नृत्य

छऊ और पैइका सिर्फ शारीरिक कौशल नहीं — ये ऊर्जा की लहरें हैं, जिसे आदिवासी बुजुर्ग "आत्मा का नृत्य" कहते हैं।

हर घुमाव एक प्रार्थना।
हर कदम एक चुनौती।
हर वेशभूषा एक स्मृति।
ये कला नहीं, जीवन की जीवित किताबें हैं, उन लोगों की जो मरने से इंकार करते हैं।

भूले जंगल से विश्व मंच तक

हाल के दशकों में छऊ को अंतरराष्ट्रीय पहचान मिली। यूनेस्को ने इसे अमूर्त सांस्कृतिक विरासत घोषित किया। फिर भी बहुत से छऊ और पैइका कलाकार गरीबी में जीते हैं, कला गुप्त रूप से दादा से पोते तक पहुंचती है।

लेकिन उनकी आत्माएं अजेय हैं।

हर बार जब कोई मुखौटा पहने योद्धा शंख की पुकार पर
कूदता है,
वह केवल प्रदर्शन नहीं करता, वह दुनिया को याद
दिलाता है:

"हम थे योद्धा।
और अभी भी हैं।"

अध्याय 9: युगों से आदिवासी युद्धकला

"हमारे खून में जंगल है, और साँसों में रणभूमि की
गूंज।"
— बस्तर अंचल की एक जनजातीय कहावत

हवा कहानियाँ लेकर चलती है — शब्दों में नहीं, लय में।
नंगे पाँवों की थाप में, हाथ से गढ़े हथियारों की टंकार में,
उस योद्धा की हुंकार में जो बाँस की झाड़ियों के पार
गरज बनकर गूंजता है।
भारत के जनजातीय दिल की चुप्पी में कान लगाओ —
वहाँ अनंत युद्ध का नगाड़ा बज रहा है।

भोजन के लिए युद्ध।
भूमि के लिए युद्ध।
सम्मान के लिए युद्ध।
और अंततः — जीवन के लिए युद्ध।

यह केवल युद्ध की कथा नहीं है। यह विकास की, आत्मा
की, और पहचान की भी कहानी है —
जनजातीय युद्ध कला का अनंत आख्यान।

आदिकाल: शिकार — पहला युद्ध

राज्यों के बनने से पहले,
नक्शों के बनने से पहले,

यहाँ तक कि पत्थरों पर भाषा उकेरने से पहले —
मनुष्य का पहला युद्ध प्रकृति के विरुद्ध था।

• आदिवासी शिकारी जानवरों को शत्रु नहीं मानते थे। वे
उन्हें जीवन-चक्र का समान भागीदार समझते थे।
• यह युद्ध पवित्र था — आवश्यक था। शिकार के बाद
प्रार्थना होती थी। हड्डियाँ औजारों में ढलती थीं, खाल वस्त्र
बनती थी, और मांस पूरे समुदाय में बँटता था।

हथियार:

• तेज नुकीली बाँस की भालाएँ
• चकमक पत्थर की नोक वाले तीर
• पत्थर से बने कुल्हाड़े

युद्ध शुरू में सहज था — लेकिन समय के साथ उसमें
विधि आई।
बुजुर्ग योद्धा युवा लड़कों को सिखाने लगे —
कैसे पत्तियों की सरसराहट में खतरे की आहट सुनी
जाती है,
कैसे पक्षियों की चहचहाहट से शिकार का पता चलता
है।

यह एक ऐसा विद्यालय था जिसकी कोई दीवारें नहीं थीं।
जंगल ही गुरु था।
और रक्त — उसकी श्याम पट्टी।

गोत्र युद्ध और सीमाई संघर्ष

जैसे-जैसे जनजातियाँ बढ़ीं और उनकी सीमाएँ आपस में
टकराईं, संघर्ष अपरिहार्य हो गया।
जल, चारागाह, पवित्र वन — हर चीज़ युद्ध का कारण
बन सकती थी।

लेकिन जनजातीय युद्ध कभी भी विजय के लिए नहीं लड़े
जाते थे।
वे संतुलन के लिए लड़े जाते थे।

हर जनजाति के पास अपने योद्धा होते थे —
किशोर अवस्था से ही प्रशिक्षित।
युद्धाभ्यास अक्सर त्योहारों और नृत्य के रूप में छुपा
होता था —
जैसे कि पैका, ढेमसा, या गौर नृत्य।

नियम पवित्र थे।
हत्या अंतिम उपाय थी।
युद्ध न्याय के लिए होता था, अभिमान के लिए नहीं।

हथियारों का विकास:

• गुलेल — दूर से ध्यान भटकाने वाला हथियार
• फरसा — शक्ति और देवत्व का प्रतीक
• बांक (टेढ़ी छुरी) — नज़दीकी, तीव्र झड़पों में प्रयोग
• सट्टी (नुकीला गदा) — डर पैदा करने वाला
प्रभावशाली हथियार

इस युग में जन्म हुआ रणनीति का —

* घात लगाना
* पशुओं की आवाज़ों से दुश्मनों को भ्रमित करना
* जंगल की छाया में गुप्त संकेत
* हर जनजाति की अपनी युद्ध पुकार होती थी

यह वह समय था जब जंगलों के भीतर चतुराई और
साहस का खेल खेला जाता था —
जहाँ हर झाड़ी में रणनीति छुपी होती थी,
और हर पेड़ एक प्रहरी की तरह खड़ा होता था।

साम्राज्यों के खिलाफ प्रतिरोध

जब मौर्य, गुप्त और फिर दिल्ली सल्तनत व मुगलों जैसे
विशाल साम्राज्य फैले,
तो उनकी राह में एक काँटा बार-बार चुभता रहा —
जनजातीय योद्धा।

जंगल बन गया उनका किला।
भील, संथाल, गोंड, कोल, मुंडा और खासी —
इन जनजातियों ने झुकना नहीं सीखा था।

* ये खुले मैदानों में युद्ध नहीं करते थे।
* ये बड़ी सेनाओं से नहीं डरते थे।
* ये बिजली की तरह प्रहार करते थे और धुएं की तरह
गायब हो जाते थे।

वे जंगल के भूत बन गए —
अदृश्य, लेकिन प्रलयंकारी।

साम्राज्यों ने उन्हें "जंगली" कहकर खारिज कर दिया,
पर असल में यही थे भारत के पहले गोरिल्ला योद्धा —
उस समय से सदियों पहले जब ''गोरिल्ला युद्ध'' शब्द ही
नहीं था।

युद्ध तकनीकें:

• छिपकर वार करना और तुरंत गायब हो जाना
• गड्ढों, नुकीली लकड़ियों, जहर लगे कांटों से जाल
बिछाना
• जंगलों की नाकेबंदी
• झूठे पीछे हटने का नाटक कर दुश्मन को घात में
फँसाना

इनके हथियार सामान्य थे,
पर इनकी पृथ्वी की समझ और जंगल की भाषा ने इन्हें
अजेय बना दिया।

वे राजा नहीं बनना चाहते थे —
वे सिर्फ अपनी भूमि के रक्षक थे।
उनका युद्ध अस्तित्व के लिए था,
और उनके पैरों के निशान आज भी जंगल की मिट्टी में
अमर हैं।

औपनिवेशिक संघर्ष: जब प्रतिरोध क्रांति बन गया

फिर आए अंग्रेज —
अपने बंदूकों, रेलवे लाइनों और कर व्यवस्था के साथ।

वे केवल ज़मीन नहीं ले गए,
वे जनजातीय जीवन की आत्मा को नोच कर ले गए।

लेकिन जंगल खामोश नहीं थे।

1855 का संथाल विद्रोह, 1831 का कोल उलगुलान,
भीलों का संघर्ष, 1910 का गोंडों का भूमकाल आंदोलन
—

ये केवल विरोध नहीं थे।
ये धरती की लड़ाइयाँ थीं।

इस युग में लड़ाई ने नया आकार लिया —
युद्ध बन गया संगठित, रणनीतिक, और एक पवित्र
मिशन।

युद्ध तैयारियाँ:

• घने जंगलों में बने गुप्त प्रशिक्षण केंद्र
• मशालों की श्रृंखला से संचालित रात्रि गश्त
• कबाड़ लोहा पिघलाकर बने हथियार
• गोत्रों की परंपरा पर आधारित नेतृत्व प्रणाली

और इस आग के केंद्र में खड़े थे —
बिरसा मुंडा, तांत्या भील, कोमराम भीम जैसे महानायक,
जिन्होंने आध्यात्मिक चेतना को सैन्य कौशल से जोड़ा।

धनुष बन गया प्रतीक।
कुल्हाड़ी बन गई शास्त्र।
जंगल बन गया क्रांति।

उनकी लड़ाई केवल आज़ादी के लिए नहीं थी —
वो लड़ रहे थे पहचान के लिए,
उस मिट्टी के लिए जिसमें उनके पूर्वजों की राख मिली
थी,
उस जंगल के लिए जिसकी छाया में उनकी आत्मा पली
थी।

स्वतंत्रता के बाद का युग: जब योद्धा की ताल धीमी पड़ी

1947 के बाद...
झंडा तो बदल गया,
पर जंग नहीं।

आदिवासियों को "पिछड़ा" कहा गया।
उनकी योद्धा परंपराएँ किताबों से गायब कर दी गईं।
अखाड़े सूने पड़ गए।
जमीन — कभी खेती की, कभी जंगल की —
अब माइनिंग और फैक्ट्री के लिए छीन ली गई।

लड़ाई अब तलवारों से नहीं, याचिकाओं से लड़ी जाने
लगी।
अब धनुष नहीं, बैनर उठाए जाने लगे।

त्योहारों से गायब हो गया युद्ध नृत्य।
और हथियारों की जगह पकड़ लिया गया सन्नाटा।

कभी जो किशोर हाथों में भाला थामते थे,
अब वे खाली हाथ बेरोजगारी के जंगल में भटकने लगे।

लेकिन…
हर जंगल में एक कोना होता है — जहाँ परंपरा बची
रहती है।

छत्तीसगढ़, झारखंड, ओडिशा —
अब भी गूंजते हैं छऊ और पैका के कदम।
आंध्रप्रदेश में अब भी कुछ लड़के गुप्त अखाड़ों में
काठी सामू और सिल्लमबम का अभ्यास करते हैं।

बुजुर्ग अब भी सुनाते हैं कहानियाँ…
उन जंगल युद्धों की,
उन शेर जैसे योद्धाओं की,
उन रणभूमियों की जहाँ पसीना और खून एक ही मिट्टी में
मिलते थे।

ये कहानियाँ सिर्फ मनोरंजन नहीं हैं —
ये स्मृति की मशालें हैं।
ये परंपरा की आखिरी सांसें हैं।

आज: जब पुनर्जागरण की आवाज़ गूंजती है

आज के डिजिटल युद्धक्षेत्रों और सूचनाओं की लड़ाइयों
के युग में,
एक नई आदिवासी पीढ़ी जाग रही है।

झारखंड, ओडिशा, छत्तीसगढ़ के जंगलों में
मिक्स्ड मार्शल आर्ट स्कूल खुल रहे हैं।

परंपरागत अखाड़े, जो कभी बंद हो चुके थे,
अब फिर से जीवंत हो रहे हैं —
जहाँ धनुष को फिर से पकड़ा जा रहा है,
जहाँ भाले की नोक फिर से चमक रही है।

त्योहारों में युद्ध खेलों का आयोजन हो रहा है।
आदिवासी मूल के फाइटर राष्ट्रीय और अंतरराष्ट्रीय मंचों
तक पहुँच रहे हैं।

यह कोई *नॉस्टेल्जिया* नहीं है।
यह है —
योद्धा स्मृति का पुनर्जागरण।

क्योंकि आदिवासी युद्ध सिर्फ मारने के लिए नहीं था।
यह था —
अनुशासन।
संस्कृति।
पहचान।
बलिदान।

याद रखना कि हम कौन थे,
ताकि तय कर सकें कि हमें क्या बनना है।

"हमने आग, साम्राज्य और सम्राटे के बीच लड़ाई लड़ी
है।
हमारे हथियार जंग खा सकते हैं —
पर हमारी आत्मा कभी नहीं।"

— एक आदिवासी गुफा मंदिर की दीवार पर खुदा
शिलालेख, सिंहभूम पठार

अध्याय 10: युद्ध परंपराओं में अनुष्ठान और त्योहारों की भूमिका

"योद्धा युद्धभूमि पर जन्मता नहीं है। वह गीतों में तराशा जाता है, लय में पका जाता है, और नृत्य में आशीर्वादित होता है।"
— मौखिक परंपरा, गोंड जनजाति

धार तभी कटती है जब उसे अग्नि द्वारा पवित्र किया जाता है।
बाण तभी उड़ता है जब वह पहले हवा में नृत्य करता है।
और योद्धा तब तक युद्ध नहीं करता जब तक उसे पूर्वजों का आशीर्वाद न मिल जाए।

भारत के जनजातीय समुदायों में युद्ध केवल हिंसा का कार्य नहीं रहा। यह एक दिव्य आदेश है, जो संस्कारों, नृत्यों, गीतों और त्योहारों से बुना गया है, जो पीढ़ी दर पीढ़ी युद्ध की आत्मा को संजोता है।
जनजातीय मार्शल परंपराओं को समझने के लिए हथियार से आगे बढ़कर उस समारोह स्थल में कदम रखना होगा — भक्ति की ढोल की थाप में, उन त्योहारों में जहाँ युद्ध पूजा बन जाता है।

युद्ध से पहले संस्कार: शक्ति का आह्वान

युद्ध से पहले प्रार्थना होती है। हथियार से पहले शब्द होता है।
जनजातीय परंपराओं में हर युद्ध का आरंभ संस्कार और शुद्धिकरण से होता है।

- कुल्हाड़ी को हल्दी और सिंदूर से अभिषेक किया जाता है।
- धनुष को ऐसे लाया जाता है जैसे वह युद्ध के लिए जाने वाला बच्चा हो।
- राख शरीर पर, केवल छुपाने के लिए नहीं, बल्कि त्याग का प्रतीक है — योद्धा अब धर्म का पात्र है।

झारखंड के जंगलों में, एक मुंडा योद्धा अपने देवता सिंबोंगा — सूर्य देव — को साल के पत्ते अर्पित करता है, अपने भय को धरती में दबा देता है, फिर हथियार उठाता है।

ओडिशा में, पैका योद्धा वीर नमन करते हैं — मातृभूमि को विनती करते हुए कि वे जो हिंसा करने जा रहे हैं, उसके लिए क्षमा करें।

संस्कार अंधविश्वास नहीं, शरीर, मन और ब्रह्मांड का सामंजस्य है।

त्योहार: युद्ध के अभ्यास

जनजातीय क्षेत्रों में त्योहार केवल उत्सव नहीं, बल्कि युद्ध के अभ्यास होते हैं।
हर ढोल की थाप, हर नृत्य का कदम, हर पोशाक — मार्शल अनुशासन और सामूहिक स्मृति में रची-बसी होती है।

पैका अखाड़ा (ओडिशा):

दशहरा और राजा पर्व में, तलवारबाजी और डंडा-लड़ाई का प्रदर्शन होता है। यह केवल दिखावा नहीं, बल्कि पूर्वजों से आए हुए कौशल का अभ्यास है जिन्होंने मुगल और ब्रिटिश सेनाओं का सामना किया।

छऊ नृत्य (झारखंड, ओडिशा, पश्चिम बंगाल):

मास्क पहने इस नृत्य में युद्ध की छुपी हुई तैयारी होती है। हर छलांग वार का अनुकरण है, हर घुमाव बचाव की तकनीक। नर्तक एक मुखौटा पहना योद्धा है, रणभूमि उसका मंच।

गौर नृत्य (मध्य प्रदेश, छत्तीसगढ़):

कृषि त्योहारों में युवा भैंस के सींग पहनकर लड़ाई के दृश्य प्रस्तुत करते हैं। यह पुरुषत्व का संस्कार है, जो लड़कों को रक्षक बनाता है।

करम और सरहुल (झारखंड)ः

प्रकृति पूजा वाले इन त्योहारों में युवा सहनशीलता की परीक्षा से गुजरते हैं — जंगलों में दौड़ना, पेड़ चढ़ना, भारी लकड़ियाँ उठाना — सब युद्ध की तैयारी के प्राचीन तरीके जो उत्सव के रूप में छिपे हैं।

त्योहार इस तरह बिना भय पैदा किए योद्धा मूल्यों को पीढ़ी दर पीढ़ी पहुंचाने का माध्यम हैं। बच्चे देखते हैं, बुजुर्ग मार्गदर्शन करते हैं, और युद्ध की आत्मा रंगों और ताल में जीवित रहती है।

हथियारों की पवित्रता: अभिषेक और स्मृति

हथियार केवल उपकरण नहीं, वे जीवित देवता हैं।

- फर्सा (कुल्हाड़ी) को बीजारोपण के त्योहारों में वनदेवता को अर्पित किया जाता है।
- ढाल (ढाल) पिता से पुत्र को दी जाती है, मंत्रोच्चार से आशीर्वादित।
- बस्तर के मड़ई मेले में लोहारों का सम्मान होता है, जो जीवन और मृत्यु के निर्माता माने जाते हैं।

कुछ हथियार युद्ध में प्रयोग नहीं होते, वे केवल सांस्कृतिक युद्ध-नृत्यों के लिए होते हैं। लाल मिट्टी से रंगे और वंश के मंदिर में सुरक्षित रखे जाते हैं।

जब कोई योद्धा मरता है, तो उसका हथियार उसके साथ जलाया जाता है या एक पवित्र वृक्ष के नीचे दफनाया जाता है, जिस की धार पश्चिम की ओर हो — मृत्यु की दिशा — ताकि वह परलोक में अपने पूर्वजों की रक्षा कर सके।

त्योहार: विद्रोह की पुनरावृत्ति

कई जनजातीय त्योहार केवल मौसमी नहीं, बल्कि ऐतिहासिक विद्रोह के पुनरावलोकन हैं।

भगोरिया (मध्य प्रदेश):

आज इसे प्रेम त्योहार माना जाता है, पर इसकी शुरुआत भील योद्धाओं की छिपी बैठकें थीं, जो सामुदायिक मेलों के बहाने बगावत की योजना बनाते थे। युद्ध नृत्य और धनुर्विद्या प्रतियोगिताएं रणनीतिक अभ्यास के संकेत थे।

हूल दिवस (झारखंड):

हर 30 जून को मनाया जाता है, यह संथाल विद्रोह 1855 की याद दिलाता है। इसमें योद्धाओं का ब्रिटिश सेना के खिलाफ केवल धनुष और साहस से लड़ने का नाटक होता है। यह एक जीवित स्मारक है — जहां युवा इतिहास को किताबों से नहीं, बल्कि रक्त स्मृति से याद करते हैं।

संस्कार युद्ध और पुरुषत्व की परीक्षा

कई जनजातियों में पुरुष बनना मतलब रक्षक बनना है — और यह संस्कार युद्ध के माध्यम से होता है।

* गोंड समुदाय में, लड़का तब तक योद्धा की कमरपट्टी नहीं पहनता जब तक वह मंडई त्योहार में किसी बड़े से युद्ध में जीत नहीं जाता।
* नागाओं में, पारंपरिक सिरमारी संस्कार, प्रार्थना और प्रशिक्षण के हफ्तों बाद होते थे — जो हत्यारे नहीं, बल्कि कुल के सम्मान के रक्षक बनाते थे।

संस्कार कठोर होते हैं, पर साथ ही उपचारकारी भी — कच्ची क्रोध को नियंत्रित ऊर्जा में बदलना, लड़कों को योद्धा बनाना, और योद्धाओं को ज्ञानी बनाना।

आधुनिक संकट: बिना अग्नि के त्योहार

आज कई मार्शल संस्कार और त्योहार अपनी प्राचीन महत्ता खो चुके हैं।

* नृत्य केवल प्रदर्शन बन गया है।
* संस्कार मात्र नियम बन गए हैं।
* हथियार मंच के सहायक बन गए हैं।
* योद्धा भावना मद्धिम पड़ रही है।

फिर भी कहीं छुपी हुई जगहों पर यह अग्नि जली हुई है। कुछ बुजुर्ग छऊ विद्यालयों में अनुशासन की मांग करते हैं। कुछ अखाड़े गलत मुद्राओं पर पुश-अप कराते हैं। कुछ नर्तक मंच पर कदम रखने से पहले पूर्वजों का नाम फुसफुसाते हैं।

इन परंपराओं को पुनर्जीवित करना जनजातीय पहचान की आत्मा को पुनर्जीवित करना है। क्योंकि जब तक संस्कारों में ढोल की गूंज है, तब तक योद्धा अंदर सोया रहता है।

"हमारे देवताओं ने हमें लड़ना सिखाया। हमारे त्योहार हमें याद दिलाते हैं क्यों।"
— कर्रा बैगा, जनजातीय पुजारी, डिंडोरी

अध्याय 11: आधुनिक पुनरुद्धार और संरक्षण प्रयास

"एक बुझती आग भी हज़ारों मशालें जला सकती है। बस कोई उसे उठाने वाला चाहिए।"
— दुमका के संथाल लोहारों की कहावत

तलवारें अब भी टंगी हैं।
ढोल अब भी चुप हैं।
योद्धाओं के मुखौटे अब भी सामुदायिक भवनों के कोनों में धूल खा रहे हैं।
लेकिन साल के पत्तों की सरसराहट में, जनजातीय ताल की गूंज में, और सुबह के उजाले में अपनी पैका मुद्रा का अभ्यास करती एक युवा लड़की के पदचापों में — एक क्रांति जन्म ले रही है।
विद्रोह की नहीं।
पुनर्जागरण की।

भारत की जनजातीय युद्ध परंपरा, जिसे कभी औपनिवेशिक शासन, सरकारी उपेक्षा और आधुनिक उदासीनता ने हाशिये पर धकेल दिया था, आज धीरे-धीरे, जिद के साथ फिर से प्रकाश में लाई जा रही है — ऐसे योद्धाओं द्वारा जो युद्ध नहीं, बल्कि स्मृति, शिक्षा और सांस्कृतिक गर्व के लिए लड़ रहे हैं।

पहली चिंगारी: जड़ों की ओर वापसी

यह अक्सर एक सवाल से शुरू होता है —
"यह मुझे अपने स्कूल की किताबों में क्यों नहीं दिखा?"

यही सवाल कुंदन, चाईबासा के एक हो जनजातीय युवा ने पूछा, जब उसने बिरसा मुंडा की एक पुरानी तस्वीर देखी — हाथ में युद्ध-कुल्हाड़ी के साथ।

स्कूल की किताबों ने गांधी, नेहरू और भगत सिंह का ज़िक्र किया था — पर उस गुरिल्ला योद्धा का नहीं, जिसने केवल आस्था और कृषि उपकरणों से अंग्रेज़ों के खिलाफ जन संग्राम किया।

तो कुंदन ने वो किया जो बहुत कम करते हैं — उसने क्रिकेट कैंप छोड़ दिया और घर लौट आया — अपने दादा से फरसा नृत्य सीखने।

पुनर्जागरण, देखिए, स्मरण से शुरू होता है।

बस्तर, मयूरभंज, लातेहार और नंदुरबार के गांवों में युवा लड़के-लड़कियां अब भूली हुई कहानियों को खोज रहे हैं — तिरोट सिंह, रानी गैदिनल्यू, तांत्या भील, और सिद्धो-कान्हो जैसे नायकों की कहानियाँ।

और उन्हीं कहानियों के साथ वे मार्शल आर्ट्स, अनुष्ठानों और उन मूल्यों को पुनर्जीवित कर रहे हैं जिन्होंने इन नायकों को गढ़ा था।

सामुदायिक अखाड़े: जहाँ पुनर्जन्म होता है वीरों का

राँची के पास एक जंगल में, सुबह होने से पहले ही लाठियों की टकराहट गूंजती है।
यह है 'एकलव्य स्कूल ऑफ कॉम्बैट स्पोर्ट्स' — जनजातीय अखाड़ों का नया रूप, जो आज फिर से आधुनिक युद्ध-परंपरा के केन्द्र बन रहे हैं।

यहाँ MMA (मिक्स्ड मार्शल आर्ट्स) के अभ्यास में छऊ की चालें घुलती हैं।
थाई पैड के पास ढाल-तलवार की तकनीकें सिखाई जाती हैं।
बड़ों का सम्मान, उतना ही ज़रूरी है जितना ताकत का प्रशिक्षण।

झारखंड और ओडिशा में ऐसे कई पुनरुद्धार अखाड़े उभर रहे हैं:

- बच्चों को पारंपरिक हथियार सिखाना: बांसुला, खांड, थेंगापल्ली।
- त्योहारों में मॉक युद्ध कराना — पुरानी युद्धनीतियों का परिचय देने के लिए।

- लड़कियों को सिर्फ आत्मरक्षा ही नहीं, सांस्कृतिक स्वामित्व का प्रशिक्षण देना।

ये अखाड़े नए गुरुकुल हैं।
इनकी पाठ्यक्रम सिर्फ शारीरिक नहीं — दर्शन, परंपरा और आत्मा से जुड़ा है।

जो दर्ज नहीं हुआ, उसे दर्ज करना: शोधकर्ता, विद्रोही और इतिहास के संरक्षक

कुछ योद्धा अब कलम, कैमरा और स्क्रीन के साथ लड़ाई में शामिल हैं:

- जनजातीय विश्वविद्यालयों के प्रोफेसर ताड़पत्र ग्रंथों को डिजिटल कर रहे हैं, जो प्राचीन युद्धनीतियों को दर्ज करते हैं।
- फ़िल्म निर्माता और फ़ोटोग्राफ़र छऊ, पैका और गौर नृत्य की युद्धमूल परंपरा पर डॉक्यूमेंट्री बना रहे हैं।
- झारखंड ट्राइबल कल्चरल सोसाइटी और बस्तर फोक आर्ट्स कलेक्टिव जैसे संगठन गीतों, मौखिक इतिहास और नृत्य विधियों का डिजिटल संग्रह बना रहे हैं।

लेकिन शायद सबसे साहसी हैं युवा जनजातीय ब्लॉगर
और यूट्यूबर —
जो अपनी भाषाओं में वीडियो डालते हैं:

"लाठी कैसे पकड़ें, छऊ में छलांग कैसे लगाएं, युद्ध
घुंघरू कैसे बांधें..." — वही सब जो अंग्रेज़ों ने कभी
प्रतिबंधित किया था।

इतिहास, जो कभी मिटाया गया, अब हैशटैग के ज़रिए
वापस आ रहा है।

पुनर्रचना वाले पर्व: नृत्य नहीं, घोषणा

अब सरहुल उत्सव में एक नया चलन है —
"योद्धा परेड शोकेस"।

लड़के-लड़कियाँ अपने पूर्वजों की वेशभूषा में — हाथ में
धनुष, कमर पर फरसा, आँखों में गर्व — राँची, गुमला,
खूंटी की सड़कों पर मार्च करते हैं।

दर्शक ताली नहीं, स्मृति के सम्मान में जयकार करते हैं।

अब सरकारी त्योहारों में भी शामिल हो रहे हैं:

- युद्ध नृत्य प्रतियोगिताएं, तकनीक और
  पारंपरिकता के आधार पर मूल्यांकन।

- हथियार प्रदर्शनियाँ, असली जनजातीय लोहारों द्वारा बनाए गए उपकरणों के साथ।
- सशस्त्र विद्रोहों के अभिनय — संथाल हुल, भील विद्रोह, जैंतिया हिल्स की लड़ाई।

अब त्योहार सिर्फ अतीत की याद नहीं — संस्कृति की घोषणा हैं।

सरकार और NGO की भागीदारी: देर से सही, पर ज़रूरी

हालांकि पुनरुद्धार की शुरुआत युवाओं और बुजुर्गों से हुई, अब संस्थानों से भी कुछ सहयोग आ रहा है:

- जनजातीय कार्य मंत्रालय ने छऊ और पैका को "अमूर्त सांस्कृतिक धरोहर" के रूप में संरक्षित करने के लिए फंड देना शुरू किया है।
- राज्य कला अकादमियाँ मार्शल डांस शिक्षकों को फैलोशिप दे रही हैं।
- NGO गाँवों के अखाड़ों को सामुदायिक शिक्षण केंद्र बना रहे हैं — मैट, सेफ्टी गियर, और ऑडियो-विजुअल साधनों के साथ।

लेकिन यह सहयोग अभी भी प्रतीकात्मक है।

जरूरत है स्थायी फंडिंग, स्कूल पाठ्यक्रमों में समावेश, और इन परंपराओं को भारत की राष्ट्रीय विरासत में स्थान देने की।

आख़िर क्यों तांत्या भील की कहानी छत्रपति शिवाजी महाराज के साथ नहीं पढ़ाई जाती?
क्यों छऊ की छलांग भरतनाट्यम की मुद्रा जितनी गर्व की बात नहीं?

भविष्य: अग्नि के रक्षक बने युवा

कहा जाता है — जब देवता धरती से विदा हुए, उन्होंने अपने हथियार आदिवासियों को सौंप दिए —
राज करने के लिए नहीं, याद रखने के लिए।

आज की जनजातीय युवा पीढ़ी दो दुनियाओं के चौराहे पर खड़ी है —
एक में स्मार्टफोन और स्टार्टअप्स हैं, और दूसरी में पूर्वजों की तपस्या और अग्नि से भीगे नृत्य।

और बहुत से युवा दोनों को अपना रहे हैं:

- एक संथाल लड़का — दिन में बॉक्सिंग करता है, रात में हुल युद्ध गीत सिखाता है।
- एक मुंडा लड़की — AI मॉडल बनाती है, और सामुदायिक कार्यक्रमों में युद्ध फरसा नृत्य करती है।

- एक गोंड थिएटर समूह — 1857 के गुरिल्ला युद्ध को रंगमंच के ज़रिए सिखाता है।

ये विरोधाभास नहीं हैं — ये पूर्णताएं हैं।
योद्धा अब भी अस्तित्व में है — रूप बदलकर।

"परंपरा को पुनर्जीवित करना अतीत को दोहराना नहीं है — यह उसकी आत्मा को भविष्य तक पहुँचाना है।"
— अनिल टुडू, सांस्कृतिक अभिलेखक और छऊ नर्तक

अध्याय 12: आदिवासी युद्धकला पुनर्जागरण की ओर: भविष्य के लिए दृष्टि

राँची की पहाड़ियों पर सूरज धीरे-धीरे उग रहा था, और उसके लंबे साये एकलव्य स्कूल ऑफ कॉम्बैट स्पोर्ट्स के प्रशिक्षण मैदान पर फैल रहे थे। नंगे पांव ज़मीन को छूने की आवाज़, सामंजस्यपूर्ण सांसों की गूंज, और लकड़ी की लाठियों का टकराना हवा में गूँज रहा था। युवा लड़के और लड़कियाँ — मुंडा, हो, उरांव, संथाल — केवल ताकत से नहीं, बल्कि एक उद्देश्य की भावना के साथ चल रहे थे।

यह सिर्फ प्रशिक्षण नहीं था। यह एक स्मृति पुनः जागरण था।

प्राचीन युद्ध कौशल की वह आत्मा, जिसे उपनिवेशवाद, शहरी उपेक्षा और सांस्कृतिक क्षरण ने वर्षों तक दबा रखा था, अब फिर से जाग उठी है। पूरे भारत में, आदिवासी समुदाय अपनी युद्ध कला की विरासत को फिर से अपना रहे हैं — न कि अतीत की धरोहर के रूप में, बल्कि पहचान, गर्व और आत्मनिर्णय के भविष्य के उपकरण के रूप में।

पुनरुद्धार क्यों आवश्यक है

दशकों से आदिवासी युवाओं से कहा जाता रहा कि उनकी परंपराएं पिछड़ी हुई हैं, उनकी भाषा टूटी-फूटी है, और उनके हथियार प्राचीन हैं। लेकिन जैसे-जैसे मुख्यधारा का भारत अपनी जड़ों की ओर लौट रहा है — स्वास्थ्य, परंपरा और स्थिरता की ओर — एक एहसास जाग रहा है: आदिवासी युद्ध कला कभी पुरानी नहीं हुई थीं, बस उनकी आवाज़ सुनी नहीं गई।

आदिवासी युद्ध कला का पुनरुद्धार सिर्फ शारीरिक तकनीकों के संरक्षण का मामला नहीं है। यह है:

• ग्रामीण क्षेत्रों में जहाँ आधुनिक शिक्षा अक्सर स्वदेशी गौरव को नजरअंदाज करती है, वहाँ आदिवासी युवाओं में आत्मविश्वास बहाल करना।
• योद्धाओं और बुजुर्गों की मौखिक कहानियों को दस्तावेज़ करना, इससे पहले कि वे मिट जाएं।
• अनुष्ठानों, प्रतियोगिताओं और त्योहारों के माध्यम से समुदाय के बंधन को मजबूत करना।
• विरासत में निहित अनुशासन और आत्म-मूल्य के ज़रिए नशे, अपराध और बेरोज़गारी से लड़ना।

एकलव्य का दृष्टिकोण: जहाँ अतीत मिलता है वर्तमान से

अपने समर्पण और शौर्य की मिसाल एकलव्य के नाम पर, राँची का एकलव्य स्कूल ऑफ कॉम्बैट स्पोर्ट्स केवल एक संस्थान नहीं है — यह एक आंदोलन है।

इसका उद्देश्य सरल और क्रांतिकारी है:

"आदिवासी युद्ध प्रणालियों को फिर से खोजना, प्रशिक्षण देना, और उन्हें भारत की मुख्यधारा की युद्ध कला के साथ एक समांतर कथा के रूप में संस्थागत बनाना।"

संपादित कार्यक्रमों के माध्यम से, एकलव्य युवा आदिवासी लड़कों और लड़कियों को पारंपरिक हथियारों (जैसे धनुष-बाण, कुल्हाड़ी, भाला) और आधुनिक युद्धकला (जैसे एमएमए, ग्रैप्लिंग, फिटनेस साइंस) दोनों में प्रशिक्षित करता है, ऐसे योद्धा तैयार करता है जो याद रखते हैं।

स्कूल, बुजुर्गों, इतिहासकारों और लोक कलाकारों के साथ साझेदारी करता है ताकि हर प्रशिक्षण सत्र के साथ उसका संदर्भ, उसकी कहानियाँ, मुद्रा के पीछे छिपे अर्थ भी सिखाए जा सकें।

राह में चुनौतियाँ

पुनरुद्धार कोई रोमांटिक यात्रा नहीं है। यह कठिन है।

• धन उपलब्धता अनियमित रहती है।
• मुख्यधारा के मीडिया में आदिवासी कला को अक्सर कमतर आंका जाता है।
• स्वदेशी लिपियों और भाषाओं का क्षय दस्तावेज़ीकरण के लिए समय के साथ दौड़ बनाता है।

फिर भी, यह आंदोलन बढ़ रहा है। क्योंकि इसे चलाने वाली ताकत पैसा या प्रचार नहीं, बल्कि स्मृति है।

आगे का रास्ता

भविष्य के लिए आवश्यक है:

• डिजिटल दस्तावेज़ीकरण: रूप, अनुष्ठान और कहानियों को ऑडियो-विजुअल रूप में रिकॉर्ड करना ताकि पीढ़ियों तक संरक्षित रहें।
• युद्ध कला छात्रवृत्ति: आदिवासी युवाओं को अपनी विरासत पर गर्व करने के लिए प्रोत्साहित करना।
• राज्य और राष्ट्रीय स्तर पर मान्यता: आदिवासी युद्ध कला को स्कूल पाठ्यक्रम, राज्य खेल प्रतियोगिताओं और राष्ट्रीय सांस्कृतिक त्योहारों में शामिल करना।
• महिलाओं के नेतृत्व में युद्ध कला पुनरुद्धार: आदिवासी

लड़कियों को युद्ध प्रशिक्षकों और योद्धाओं के रूप में सशक्त बनाना, पितृसत्तात्मक बाधाओं को तोड़ना।

जंगलों, पहाड़ियों और गांवों में बदलाव की हवा पहले ही चलने लगी है। एक नई पीढ़ी पुरानी राह पर चल रही है — आधुनिक दृष्टि और पूर्वजों की आग लेकर।

जैसे ही इस अध्याय का अंत होता है, हमारी कहानी का कैमरा एकलव्य स्कूल के प्रशिक्षण मैदान से दूर होता जाता है। आदिवासी ढोल की थाप जारी रहती है। वह बाण, जो कभी समय में खो गया था, अब भविष्य की ओर चला जा रहा है।

यह केवल पुनर्जागरण नहीं है।
यह पुनःअधिकार है।

उपसंहार: जलती हुई लौ

राँची पर मानसून के बादल छंट चुके थे, और सूरज झारखंड की लाल धरती पर पिघले हुए सोने की तरह बरस रहा था। एकलव्य स्कूल ऑफ कॉम्बैट स्पोर्ट्स के प्रशिक्षण मैदान में लकड़ी के तलवारों की टकराने की आवाज़ और आदिवासी ढोल की गूंज वातावरण में घुली हुई थी। इस नियंत्रित शोरगुल के बीच, एक युवा मुंडा लड़का — नंगे पैर, तीखी नजरों वाला, अभी तेरह साल का भी नहीं — उम्र से कहीं अधिक नज़ाकत के साथ अपने कदम बढ़ा रहा था।

उसका नाम था अमन। और उसके पहले कई लोगों की तरह, वह भी कहानियों के साथ बड़ा हुआ था — सिर्फ सोने से पहले सुनाई जाने वाली कहानियाँ नहीं, बल्कि उसकी दादाजी से मिली खून-खराबे वाली सच्चाइयाँ। भीमा नायक की कहानियाँ, जो जंगलों में अंग्रेज़ लालकोटों का शिकार करता था। कोमाराम भीम, जिसकी युद्ध जयकार हवा में अभी भी गूंजती है। तिलका मांझी, जो गिरा मगर कभी झुका नहीं।

अमन के लिए ये केवल किंवदंतियाँ नहीं थीं। ये उसकी लड़ाई की योजनाएँ थीं।

बाँस की बाड़ के पीछे, एक बूढ़ा पहान मौन से देख रहा था। उसकी आँखों में समय की थकान थी — कई

मौसम, कई दफन, और बहुत कम गाए गए गीत।
लेकिन आज, वह मुस्कुरा रहा था। क्योंकि अमन के हर
भाले की लहर, हर छऊ अभ्यास के दौरान उसके पाँव
की गड़गड़ाहट एक याद दिला रही थी: यह वंश खत्म
नहीं हुआ। यह बस थमा था, ऐसे ही एक नए सवेरे का
इंतजार कर रहा था।

ट्राइबल कॉम्बैट की यात्रा कागज़ या स्याही में बंधी नहीं
है। यह चलती है। उन जंगलों में जहाँ अब भी मंत्र गूँजते
हैं। उन अदालतों में जहाँ अब भी आदिवासी अधिकारों
की लड़ाई होती है। उन कक्षाओं में जहाँ आदिवासी बच्चे
अब भी पीछे बैठते हैं। और उन सपनों में जहाँ वे पीछे से
उठकर मोर्चे पर आते हैं।

यह किताब प्रतिरोध की भावना से शुरू हुई।
और आशा के साथ खत्म होती है।

आशा कि आदिवासी बच्चे जानेंगे कि उनकी इतिहास
गरीबी से शुरू नहीं हुई। वह गर्व से शुरू हुई। आशा कि
दुनिया आदिवासी समुदायों को किसी वस्तु की तरह
देखने से रुक जाएगी, और उन्हें बुद्धिमान योद्धाओं के
रूप में देखना शुरू करेगी।

अमन अपने भाले को घुमाता है, उस मुद्रा की नकल
करता है जो उसने नेटारहट की एक चट्टान पर उकेरी
हुई देखी थी। उसे उसका नाम नहीं पता था। लेकिन वह
परिचित लग रही थी — जैसे कोई पूर्वज उसके खून के
ज़रिए फुसफुसा रहा हो।

आग अभी भी जल रही है।
और अब, वह फिर से चल रही है।

जानिए झारखंड के दिल में इस विरासत के आगे कैसे बढ़ने की कहानी — **www.eklavyasports.in** पर।

स्रोत-सूची

पुस्तकें और शैक्षणिक स्रोत

- Guha, Ramachandra. *Savaging the Civilized: Verrier Elwin, His Tribals, and India.* University of Chicago Press, 1999.
- Singh, K.S. *The Scheduled Tribes.* Oxford University Press, 1994.
- Roy, S.C. *The Mundas and Their Country.* Asia Publishing House, 1912.
- Dasgupta, B. *Chhau Dance of India.* Publications Division, Government of India.
- Sinha, S. *Tribal Wars and Revolts in India.* National Book Trust, 2008.

सरकारी और सार्वजनिक अभिलेख

- Reports from the Ministry of Tribal Affairs, Government of India.
- Census and Gazetteer records of Bihar, Jharkhand, Odisha, and Madhya Pradesh.
- Archives from the National Archives of India on tribal revolts (e.g., Santhal Hul, Kol Rebellion, Ulgulan).

डॉक्युमेंट्री और मीडिया

- *India's Untold Stories of Tribal Resistance*, Doordarshan Archives, 2012.
- *Chhau: Warriors of Dance*, UNESCO Cultural Heritage Film Series, 2010.
- Short films and interviews produced by Jharkhand Tribal Cultural Society and Bastar Folk Arts Collective.

ऑनलाइन स्रोत

- www.tribal.nic.in – Ministry of Tribal Affairs
- www.unesco.org – Intangible Cultural Heritage listings

मौखिक इतिहास और व्यक्तिगत कथाएँ

यह पुस्तक भारत भर के आदिवासी समुदायों — विशेष रूप से मुंडा, हो, गोंड, संथाल, भील और कोया जनजातियों — के साथ वर्षों के प्रत्यक्ष अनुभवों से आकार पाई है। कहानियाँ, किंवदंतियाँ और परंपराएँ साझा की गईं:

• लातेहार, खूंटी, गुमला और बस्तर के गाँवों में रहने वाले आदिवासी बुजुर्गों और स्थानीय इतिहासकारों द्वारा।
• छऊ और पैका अखाड़ों से जुड़े पारंपरिक युद्ध कला एवं नृत्य के अभ्यासियों द्वारा।

• एकलव्य स्कूल ऑफ कॉम्बैट स्पोर्ट्स, रांची के युवा विद्यार्थियों और प्रशिक्षकों द्वारा।

नोट:

कुछ कहानियों को रोचक बनाने के लिए नाटकीय रूप दिया गया है, साथ ही तथ्यात्मक सत्यता को अक्षुण्ण रखा गया है। समुदाय की निजता और कहानी कहने की परंपराओं का सम्मान करते हुए कुछ पात्रों के नाम और पहचान बदले गए हो सकते हैं।

लेखक परिचय

परिक्षित मुंडा एक कुशल मार्शल आर्टिस्ट हैं, जिनका 30 वर्षों से अधिक का समर्पित अनुभव है। उन्होंने अपनी यात्रा केवल 10 साल की उम्र में शुरू की थी। उनकी विविध विशेषज्ञता में शाओलिन कुंग-फू, किकबॉक्सिंग, और मिक्स्ड मार्शल आर्ट्स (MMA) शामिल हैं, जो उनके मुंडा आदिवासी विरासत की समृद्ध मार्शल परंपराओं के साथ अनूठे ढंग से जुड़ी हैं।

परिक्षित का जन्म और पालन-पोषण एक मुंडा आदिवासी परिवार में हुआ। उनके पास M.Tech की डिग्री है और वे कोलकाता और राँची के इंजीनियरिंग कॉलेजों में पूर्व शिक्षक भी रह चुके हैं। शैक्षणिक क्षेत्र से परे, उन्होंने सामाजिक विकास क्षेत्र में नौ साल तक काम किया, जहाँ उन्होंने झारखंड के आदिवासी क्षेत्रों में शिक्षा और सार्वजनिक स्वास्थ्य परियोजनाओं में विशेष योगदान दिया।

परिक्षित ईकलव्य स्कूल ऑफ कॉम्बैट स्पोर्ट्स – झारखंड (ESCS) के संस्थापक और अध्यक्ष हैं, जो एक गैर-लाभकारी मार्शल आर्ट्स संस्था है और आदिवासी युवाओं को सशक्त बनाने के लिए प्रतिबद्ध है। ESCS दूरदराज के क्षेत्रों में टैलेंट की पहचान करता है, और उन्हें गुणवत्तापूर्ण कोचिंग, उपकरण, और प्रतियोगिता के

अवसर प्रदान करता है। इस स्कूल का मिशन अंतिम छोर के आदिवासी खिलाड़ियों और राष्ट्रीय व अंतरराष्ट्रीय मंचों के बीच की खाई को पाटना है।

परिक्षित और ESCS मेंटरशिप, कौशल विकास, और पेशेवर कॉम्बैट सर्किट्स के संपर्क के माध्यम से आदिवासी युवाओं के लिए सार्थक रास्ते बनाना चाहते हैं, ताकि वे अपने समुदायों का वैश्विक मंच पर प्रतिनिधित्व कर सकें और प्रेरणा बन सकें।